憲法70年の真実

第6巻

平山朝治［著］

平山朝治著作集

中央経済社

イントロダクション

第二次大戦が終わり、旧憲法改正＝新憲法制定作業が始まったちょうど七〇年後に、憲法に関する政府解釈の変更を伴うとされる安保法が成立し、同法に対する賛否と連動しつつ憲法改正を巡る賛否の議論が高まる気配を見せている。

このような時期だからこそ、それらの是非を巡って自分が抱いている予断をいわば括弧の中に入れ、哲学用語でいえば判断中止して、憲法を巡る歴史をひもとき、何が真実であるかを明らかにし、真実という何人も拒むことのできない共通の土俵の上で、憲法の解釈や改正についてできるかぎり多くの人々の合意を形成してゆくことが必要であると思う。

真実であると思っていることのなかに事実誤認や意図的に流布されたと思われる誤報の受け売りが少なからず含まれているということは、戦時下の大本営発表報道などについては多くの人が認めることであろう。

しかし、戦後日本においても、とりわけ憲法第九条を巡って、現在に至るまで同様の問題が少なからずあり、誤りの上に誤りが、何重にも塗り重ねられてきたことは、あまり知られていない。

有害無益な論争を避け、国民的合意を形成するためには、第九条を巡る歴史的な真実を明らかにし、それに基づいた議論をするように心がけなければならない。

著作集第6巻は、そのような見通しのもとで、第九条の成立や解釈の歴史を概観し、国民が共有すべき真実を明るみに出すことをめざした、私の最近の論考をまとめたものである。

「一章　憲法解釈と安保法」は、安保法案が国会で審議されている最中や成立直後に、一般読者向けに公表したものを、必要と思われる補足をつけて収録した。

学問的には不十分な点も少なくないが、狭い学問の世界だけの関心事ではなく、国民的な問題であるから、第6巻を通じて私が言いたい主要な論点を、あらかじめ理解しやすい形で提示しておくことが望ましいと考えて、それらを最初に置くことにした。

より厳密な議論は二章と三章において試みているので、一章をまずお読みいただき、疑問点を念頭に置きながらじっくりとそれらを検討していただきたいと思う。

戦後日本は、日米安保条約によってアメリカの軍事力に頼って平和を享受し、平和のために国外ではあまり積極的に活動せずおとなしくしていることが第二次大戦の敗戦国に相応な世界平和への貢献であると、多くの日本人は思ってきたが、アメリカの覇権国としての地位が相対的に低下し、中国が急速に台頭して挑戦国としてふるまいがちになってきた昨今において、両国の間に位置する日本は、ドイツとソ連に挟まれたポーランドのように、米中間の取引の対象となりかねず、いわゆる安保ただ乗りを続けていてもアメリカがいざというときに日本を守ってくれる保証が得られなくなってきたため、日本としては、独自の自衛力を強化するか、日米協力を強化するかという選択に直面しており、後者のほうが少ないコストでより効果的な対応ができるということが、集団的自衛権を限定容認すべきだとする見解を支える事実認識であろう。

集団的自衛権に賛成するこのような理由付けは、必要最小限度の自衛力で済ますという効率性を基準に安全保障政策のあり方を判断する、経済学的な議論であり、政府が一九五五年ころから唱えた、必要最小限度の自衛力は第九条第二項が保持を禁ずる戦力ではないという解釈に沿った考え方でもある。

かつては、安保ただ乗りによって自衛のためのコストをできる限り抑えるために集団的自衛権を行使しないで済ますことがその基準に合致していたが、今日ではその逆に、集団的自衛権を使わなければかえって高くつくようになったということなので、政府解釈自体は五五年以来何ら変わっていないと考えるべきではないか、政府解釈が変更されたとする巷説は何かの間違いではないかと直観した。自衛のためのコスト最小化として政府解釈をとらえれば、それが一貫しているということは自明で疑問の余地はなく、問題はコスト比較に関する事実判断に絞られ、それ以外の結論が第九条の政府解釈から導けるはずはなく、政府解釈変更だというのは、そう主張し始めた人の過失か故意、たとえばその人が自分の独断に箔を付けるためのレトリックに違いないと思った。

「1　安保法案　こう考える」では、そのような論理によって、集団的自衛権禁止から限定容認へという変化は政府解釈変更ではないと論じた。

実際に、集団的自衛権を違憲とした一九七二年と一九八一年の政府見解はこのような論理に拠っていたが、二〇〇四年に秋山收内閣法制局長官がそれらを誤解してコスト最小化という自衛力の要件とは無関係に集団的自衛権は違憲であると答弁し、それがその後政府解釈であるかのように扱われるようになってしまった。

しかし、二〇一四年七月一日の閣議決定で、七二年と八一年の政府見解へと立ち戻りつつ、当時とは安全保障環境が変わったため集団的自衛権を限定容認しなければならない（全面禁止のままでは違憲状態である）という結論が下された。

また、集団的自衛権による日米同盟の抑止力だけでは不十分で、中国やロシアとの間の相互信頼を育てることも重要であり、相互の軍縮を進め、究極的には世界的な警察力のようなもので安全を保障することが望ましく、日本の憲法はそのような理想を述べたものとみるべきだとも論じた。

「2　歴史から忘れられた憲法第九条成立の趣旨」は、第九条第二項の戦力不保持が、マッカーサー、宮沢俊義、吉田茂、衆議院芦田小委員会といった立法者たちの意図では、国連の安全保障理事会のような集団安全保障体制が確立し、各国が自前の軍備を持つ必要がなくなった段階で全世界の国々がとるべき政策として提案された、プログラム規定であったことを概観し、立法者たちが法を定めた際の目的は立法趣旨と言われ、法の解釈・運用において尊重されるべきものであるが、第九条の立法趣旨は冷戦の深刻化とともに忘れられてしまったことを論じた。

「3　安保法成立に際して」では、安保法（案）は政府解釈変更を伴うという誤った前提が法そのものへの賛否の対立を必要以上に強めてしまったが、その原因として、内閣法制局の過去の過ち（七二年や八一年の政府見解を秋山長官が誤解したこと）を認めるという説明責任から逃れようとしたことや、マスコミが憲法解釈変更だという政府の説明を鵜呑みにして、それを巡る賛否に二極化してしまったことなどを指摘した。

さらに、憲法の解釈や改正を巡っては、不要な対立を煽るのとは正反対に、可能な限り幅広い国民的合意を形成することが必要であると指摘した上で、第九条を改正するならば、立法趣旨を誤解の余地のないような表現で明確に示す、すなわち日本の安全保障政策の目標として集団安全保障の完成という理想を世界に発信するように第二項を書き直し、その上で従来の第二項に関する政府見解である武力行使の三要件を、第三項として憲法のなかに明文化することと、前文についても第九条との関係を明瞭にするために必要最小限の表現の改善を加えることが望ましいとした。

「二章　集団的自衛権を巡る憲法論争の再検討」は、一章・1で略述した集団的自衛権を巡る私の主張を、戦後憲法解釈史に即して厳密に実証した。国際法によれば、日米安保条約は日米双方の集団的自衛権行使であり、一九五九年の砂川事件最高裁判決はその意味での日本の集団的自衛権行使を合憲としたが、翌年、林修三法制局長官は、日米安保は日本の個別的自衛権とアメリカの集団的自衛権の組み合わせだと言いだし、岸信介首相はいずれも通説では集団的自衛権だとして、両論が併記された。

他方、集団的自衛権の典型として海外派兵が取り上げられた当初は、憲法（政府解釈）がそれを禁じているわけではないという与野党の共通了解があったが、六〇年に岸は明確な根拠を挙げずに海外派兵を違憲とした。

七二年と八一年の集団的自衛権に関する政府見解は、集団的自衛権を自国が直接攻撃されていないのに密接な関係にある他国を防衛することと定義したが、これでは、たとえばソ連が北海道とアラスカを同時に攻撃した場合にアメリカは日本を守るために集団的自衛権を使えないことになってしまう。

したがって、この定義は誤りであり、日米安保条約はやはり日本の集団的自衛権を必要とし、それを最高裁は合憲としたとみるしかない。

最高裁判決以降今日に至るまで、日米安保条約は日本の集団的自衛権行使の例として合憲とされ続けてきたのであり、それを例外として集団的自衛権は違憲だとするのが、七二年と八一年の政府見解の正確な意味である。したがって、以下で合憲か違憲かを問う対象となる集団的自衛権は、日米安保条約にかかわる日本の集団的自衛権を除いたものとする。

七二年の政府見解は武力行使の三要件の第一を、日本に対する直接あるいは間接の攻撃があること、第二を、やむを得ない措置であること、第三を、必要最少限度の範囲にとどまるべきこととし、第一要件は集団的自衛権行使を排除しておらず、第三要件すなわち必要最少限度の範囲を満たさない集団的自衛権行使は憲法上許されないとした。八二年の政府見解もそれを踏襲し、コスト最小化を満たす集団的自衛権非行使によって不利益は生じないと指摘した。

二〇〇四年の秋山内閣法制局長官答弁は、これらの政府見解を誤解して、三要件の第一要件を、日本に対する直接攻撃とし、集団的自衛権は直接攻撃がない場合の武力行使であるから、第一要件違反で違憲であるとした。

しかし、第一要件は間接攻撃を含むものであるし、たとえば日米いずれもがソ連から同時に直接攻撃を受けた際にアメリカの領土領海領空に自衛隊を派遣してソ連と戦うことも集団的自衛権であるから、仮に秋山のいう通りに第一要件が直接攻撃であったとしても、それを満たす集団的自衛権行使も存在するので、第一要件によって集団的自衛権行使を排除することはできないのであり、秋山説の前提を全て認めるとしても、集団的自衛権行使はコスト最小化を満たさないという理由なしには排除できない。

しかし、無条件に集団的自衛権の行使は違憲であるとするような誤った秋山答弁を真に受け、それを政府解釈と誤認した上で、二〇一四年七月の閣議決定は政府解釈変更であるとする説が、政府自身によって採用され、マスコミによって広められて、世の中を覆い尽くした。

実際には、その閣議決定は、三要件の第一において、従来は暗黙のうちに含まれていた間接攻撃を、直接攻撃と区別・明示したにすぎず、旧三要件と新三要件に内容的には何の違いもない。

集団的自衛権を禁ずべきか認めるべきかという問題は、自衛のためのコストの比較という立法事実の問題であり、違憲立法審査においても憲法と法との文理的な整合性よりも立法事実の裏付けがあるか否かが重視されるので、法が文理的に憲法に違反するか否かということは重要な問題ではない。

また、第九条第二項はプログラム規定であるとすれば、個別的と集団的とを問わず、自衛権の行使を不要とするような、理想的な集団安全保障の実現が、日本の安全保障政策の究極的目標であることこそが重要なのであり、自衛権はそこに至るまでの間、やむを得ない場合に最小限の範囲で行使されるにすぎないということを忘れてはなるまい。

「三章　日本国憲法の平和主義と、安全保障戦略」では、「はじめに」で、「平和を愛する諸国民の公正と信義に信頼できることと、国際社会が「平和を維持し、専制と隷従、圧迫と偏狭を地上から永遠に除去しようと努めてゐる」ことという前文の二条件が意味するような、集団安全保障体制の存在が、第九条第二項の戦力不保持を可能とする前提であり、そのような体制が未確立の場合には確立を政策目標として掲げたプログラム規定とみなければならないという、私の解釈を示した上で、「1　憲法第九条の立法趣旨とその封印」では、現実の憲法制定過程において、そのような前文前提・プログラム規定として第九条第二項は成立したが、そのことはやがて忘れられ、それは実定的に戦力保持を禁じているとする解釈が台頭した事情について概観した。

以下、その要約と、本巻全体とのつながりを示すような補足説明とを記すが、かなり専門的な知識を前提した内容なので、それらになじみのない読者は、一章・2をまず読んでいただきたい。

マッカーサー三原則のⅡは、戦争廃止が実現したという仮定のもとで、日本が軍隊や交戦権を放棄して模範を示し、アメリカ自身も含む他の諸国もそれに倣うことを期待したものと解釈できる。

ケーディス民政局次長は、マッカーサー三原則Ⅱにおいては第九条のもとになる内容のなかに置かれていた、「日本はそれ＝戦争を、その紛争を解決する手段として、さらにそれ自身の安全を保持するための手段としてさえも放棄する。それはその防衛とその保護を、今日世界を目覚めさせつつある、より高い諸理想に委ねる。」の傍線部を削除することによって自衛権を留保し、二重傍線部を削除する代わりに前文二条件のもとになる文章を書いて前文に移動するよう矢印で指示しており、そのことから、前文二条件は本来第九条と不可分の内容であり、戦力不保持の前提であるが、それを前文に移動させた場合に、第九条は無前提に自衛権を放棄し、戦力を保持しないことを定めていると解釈するような誤解が生じるのを避けて前文二条件が成立しない場合には戦力保有が可能だという解釈が成り立つよう、自衛権放棄を意味する傍線部をも削除したことが分かる。

このようにマッカーサー三原則とGHQ草案においては一貫して、信頼しうる集団安全保障体制の存在が戦力不保持の前提であるとされていた。

マッカーサーが四六年四月五日に対日理事会初会議で行った演説からも、そのことが確認できる。これらのことは、第九条第二項が天皇制存続をアジア諸国に説得するために彼らの安全を保障すべく日本の軍備を禁じたものだとか、それは日本を弱体化するためにGHQが押し付けたものだというような通説的理解が誤ったものであることを示しており、実際には、マッカーサーは、バーンズ国務長官が米英ソ中と日本との間で二五カ年非武装化条約を結んでソ連軍を日本に進駐させようとしていることを知り、日本をソ連の野心から守るために戦力不保持を掲げる憲法の制定を急いだのである。

吉田茂首相の議会での答弁においても、集団安全保障に依拠することが第九条第二項の前提であることが強調され、そのような平和維持体制のもとでは正当防衛権＝自衛権を認めること自身が有害であると、自衛権まで放棄するとしたマッカーサー三原則Ⅱと同様の見解を示したが、その一部だけを引いて吉田は無条件に自衛権を否定したとし、彼が後に再軍備を進めたことと矛盾すると批判されるようになった。

芦田均を委員長とする衆議院小委員会で、芦田は、第九条第二項が集団安全保障の確立を目標とし、そのなかで戦力不保持を実現するという意味をより明確にするような改正案を提案し、その趣旨に皆が賛成した。芦田が提案した当初の修正案では第一項と第二項を政府原案と入れ換えていたが、もとに戻されて戦力不保持は第二項になった。

芦田は後に、第二項冒頭の「前項の目的を達するため」は、侵略戦争をしないという意味の第一項後半のことを指し、侵略戦争以外の目的での戦力保持を可能とすることを意図した修正であると、日本の再軍備が話題となり始めた一九五一年初以降説くようになったが、一九九五年に公開された小委員会速記録をみるとそうではなく、芦田の修正案では現行第九条第一項の冒頭にある「日本国民は、正義と秩序を基調とする国際平和を誠実に希求し、」が「陸海空軍その他の戦力を保持せず」の直前に置かれており、それを芦田は当初第一項としていたが、第二項に戻される際に、第一項と同じ文言を繰り返すことを避けるために「前項の目的を達するため、」とされたのであり、戦力不保持の目的は現行第一項前半であり、それは集団安全保障の確立であるということが分かる。つまり、完全な集団安全保障が確立するに際して、世界各国の「刀狩り」を日本が率先して実行するというのである。

のちに芦田が唱えた説は、極東委員会において中国のタン博士が唱え、日本の再軍備が芦田修正によって可能になったという理解のもとで、文民条項を追加するようGHQを介して日本に要求してきたものであり、タン博士の解釈はその際法制局に知られており、芦田はおそらく法制局からその解釈を聞き知り、本来はマッカーサーや吉田と同じようにプログラム規定だから再軍備の余地があるという立場から、プログラム規定であることをより明確に述べたものが芦田修正だったが、第九条を修正して再軍備を可能としたのは自分の創案だとみせかけて手柄を一人占めするために、プログラム規定説を捨ててタン学説を剽窃したのではないかと疑われる。

戦力不保持をプログラム規定として憲法で定めるというアイデアは、一九四六年三月に発表された宮沢俊義の有名な論文「憲法改正について」で提起され、芦田小委員会における委員たちの議論にもその影響を受けたと思われる発言が少なくない。憲法が成立した後も、宮沢は第九条第二項を第二七条の勤労の権利のような社会権・生存権と同様のプログラム規定と位置づけ続けたことが分かる。

しかし、東京帝大法学部において宮沢の大先輩にあたる高柳賢三が一九五三年にプログラム規定説とほぼ同内容の政治的マニフェスト説を唱えて憲法改正をせずに再軍備してよいと論じた。

他方、多くの人が憲法違反とする再軍備を進めるためにはやはり憲法改正したほうがよいと宮沢は考えていたため、高柳に同調できず、また、高柳が自説を剽窃したのではないかという疑惑も抱いたと思われる。

政治的マニフェスト説が登場して以降、高柳が死去する一九六七年までの間、宮沢はおそらく高柳に遠慮して、プログラム規定説を明確に説くことも、憲法改正を積極的に推進しようとすることもなかったため、自衛隊は第九条第二項に反すると説く憲法学多数説の総帥であるとの誤解を受けてもそれに積極的に反論することもできなかったようだが、高柳の死後、第九条をプログラム規定として明確化するような憲法改正を再び目指すようになった。

このような宮沢の晩年の志を再評価し、今後の憲法改正論議に生かしてゆくべきであろう。

「2　戦後日本における非武装戦略のゲーム理論的分析」では、侵略戦争を放棄した日本の戦略として、武装と非武装の二者択一、外国の戦略として友好と敵対の二者択一を仮定し、日本がまず武装と非武装のいずれかを選び、日本の選択結果を前提に外国が友好と敵対のいずれかを選ぶという、ごく単純なゲームの分析を中心として、戦後日本の安全保障政策をゲーム理論の観点から考察した。

ゲームの利得を適当に仮定することによって、通常のケースでは日本は武装、外国は友好を選ぶという風に、日本の武装に伴う抑止力による平和を期待できるが、集団安全保障が有効な場合には日本は非武装でも外国は友好的であり、集団安全保障は自衛のためのコスト削減を可能とすることが分かる。

経済学的に言えば、世界平和や安全保障は国際公共財であり、集団安全保障は各国の自前の武装を不要とすることによって国際公共財の効率的な供給を実現するものである。

国際政治学がパワー・ポリティックスに依拠するリアリズムからなかなか抜け出せないため理想を提示しにくいのに対して、経済学が集団安全保障の実現を強く推奨するのは、政治学が利害の全面対立するゼロサム的状況を典型として、権力闘争として理論を組み立てるのに対して、経済学は互恵的利他主義の成り立つ非ゼロサム的状況を典型として、協力行動に関する理論を構築するだけでなく、最適資源配分という経済学の基本問題の一環としての国際公共財のより効率的な供給という規範理論を有するからである。

経済学は、アジア太平洋圏の経済統合を進めるなどの経済的環境整備とともにこの地域の安全保障や全世界の集団安全保障を強化してゆくための指針となる。

山川均の非武装中立論も当初は、国連の集団安全保障を信頼しえるという、朝鮮戦争勃発後においては常識的には考えられない楽観論に依拠していた。

冷戦において、日本がアメリカの核の傘によって守られているとソ連が信じることが、ソ連に対して抑止力を発揮するためには必要であり、そのためには日米関係は強固で安定的でなければならない。

のちに山川は、状況に応じて親米反ソにも親ソ反米にもなりうるとしたが、日本が米ソ両陣営の間を右往左往すれば、国内の親米と親ソの勢力の間の内戦に両大国が介入するというような、朝鮮半島やベトナムなどで見られた事態に陥るリスクが非常に高い。

山川の議論は、ソ連・コミンテルンの本質を全体主義と見抜き、集団安全保障が第九条第二項の前提であるとみている点では、後の社会党左派の親ソ路線と比べて格段に評価できるが、現実の安全保障についてはあまりに楽観的すぎる机上の空論を弄んでいたと言うほかないように思われる。

親ソ的な向坂逸郎が社会党左派を指導するようになって以降、国論は固定的に自民党を中心とする親米反ソと社会党左派を中心とする親ソ反米に割れたが、ゲーム理論的には、それらの違いは、日本が非武装のときのソ連の利得の違いという一点に絞って表すことができる。

親ソ派は、日本が反米の証として非武装を選択すればソ連は敵対的に振る舞って日本を搾取するようなことはないと予想していたのに対して、反ソ派は、その場合ソ連は日本から徹底的に搾取するだろうと予想していた。

この相違を除けば、いずれの側も極めて合理的に戦略を選び、親ソ派は非武装、反ソ派は武装をよしとしたと、冷戦期の国論分裂は理論的に整理することができる。

七〇年代になると、アメリカの経済力の後退が目立ち、また、米中接近や米ソのデタントなどのため日本周辺の安全保障環境は緊張度を弱めたため、日本にとって、安全保障に対する負担増を求めるアメリカに対処するために、安保ただ乗りへの志向を強め、集団的自衛権を例外なく（集団的自衛権の定義には欠陥があるので、実際には日米安保条約を例外として）違憲とし、防衛費をＧＮＰの一％以内に抑えるような政策が採用された。

これが行き詰まったのは日本経済が繁栄を極めた八〇年代半ばから後半にかけてであり、ソ連を財政破綻と体制崩壊に追い詰めようとアメリカが国防予算を増したのに対して日本はあまり積極的に協力しなかったため、アメリカの双子の赤字を賄ういわば高利貸しとして振る舞うことになり、それに憤ったアメリカとの間で経済摩擦が深刻化した。集団的自衛権違憲化のようなただ乗りが、アメリカの反発や報復のためかえって高くつくようになり始めたのは、このころだと思われる。

冷戦後、従来は社会主義を実現するための一時的方便とされていた非武装戦略は合理的基礎を失い、社会党が政権入りするとともに冷戦終結を理由として非武装政策は放棄された。

そのような社会党の変化についてゆけない護憲平和運動家たちを取り込み、また、冷戦終結とともに次々と明るみに出てきた共産党一党独裁体制下の、ナチスを上回る非人道的・暴力的な実態の露見に伴う共産主義批判を眩まして責任逃れしようという目論見から、従来武装自衛中立を説いてきた共産党は、九四年の第二〇会党大会において、理由を示すことなく唐突に、将来にわたる第九条堅持を謳って非武装中立の平和護憲勢力へと変身した。

冷戦後、非武装戦略は合理的基礎を失い、護憲非武装を支持する素朴で純真な人々の票を求める政党の目先の利害関心の餌食になった。

集団的自衛権についても、従来、民主党の岡田克也、野田佳彦らは、それは必ずしも違憲ではないと説いて行使容認のための法整備を進めようとし、民主党政権下では官僚支配打破の一環として内閣法制局との対立を深刻化させていたが、彼らが野に下ると、集団的自衛権に反対したほうが票になるとみるや、本来の志を捨て、昨日の敵は今日の友と、法制局ＯＢらと結託して反対に回った。

これも、九四年の共産党の変節と同様の、票目当ての無節操と批判されるべきものであろう。

「３　結論」では、占領政策に対する徹底した非協力によって非武装に抑止力を持たせようという社会防衛（市民防衛）論について、ゲーム理論的な検討を加えたが、残念ながら、社会防衛がそれだけで外国の侵略を抑止するに十分だとは考えにくいという結論が得られた。

脅威となる核武装した国が周辺に三つもある日本の場合はとりわけ、社会防衛政策だけで抑止力を確立しようと試みることは非現実的であり、アジア太平洋圏の地域安全保障や世界全体の集団安全保障の強化を補完するような形で、社会防衛的な体制を徐々に強化しつつ、各国が協調して自前の武装を削減するというような、全体的な取り組みの一部として、社会防衛の抑止力を生かしてゆくという中長期的なプログラムを考える必要があるように思われる。

第九条第二項を世界各国がめざすべきプログラム規定として掲げる日本は、そのような方向へと世界が向かう際に、リーダーシップを発揮することが望まれる。

なお、安全保障は総合的なもので、武力行使に関する憲法解釈はそのなかでは、必ずしも最も重要ではない、一つの要素をなすにすぎない。

人口減少、とりわけ生産年齢人口比の低下という、日本が直面する問題とのかかわりのなかで、周辺諸国からの移民を積極的に受け入れつつ、国内秩序を堅持することや、アジア太平洋圏の経済統合を進めることなど、さまざまな政策の複合として、現実の安全保障政策は成り立つのではないかと思う。

日米関係も、円・ドルの為替変動を抑えて固定制にした上で、一ドル＝一円（一セント＝一銭）となるよう円の単位を切り換えることにより、円をドルとほぼ完全代替の国際通貨とすることが、そのための基軸になるというのが、年来の私のアイデアである。

これらの問題については、本年一〇月に刊行された、戦略研究学会編集、藤江昌嗣・杉山光信編著『アジアからの戦略的思考と新地政学』芙蓉書房出版（叢書アカデミア）において私が執筆した「第2章　文明の地政学からみた地球とアジア――日本の人口・移民戦略の基礎」をご参照いただきたい。

日米同盟をそれだけで終わらせず、アジア太平洋圏の地域安全保障の拡充や全世界の集団安全保障の強化へと結びつけるためには、このような広い視野が不可欠であろう。

目　次

◆平山朝治著作集　目次

一章　憲法解釈と安保法

1　安保法案　こう考える

安全保障から考えれば、日本にとって日米同盟は基軸だ。アメリカに向けられたミサイルを、その途中に位置する日本が、迎撃の技術が高まり、信頼性が高まっているにも拘わらず、今まで通り集団的自衛権を行使できないことによって、それをしないことは日米同盟を根幹から揺るがすことになる。

日本の周辺にはロシア、中国、北朝鮮と核兵器を持った国が三つもある。自力で防衛するとなると、かなりの規模の武装が必要だ。アメリカにいざというときに守ってもらう以外にローコストで自衛する道はない。アメリカの期待を裏切ると日本は守ってもらえないかもしれない。

紛争に巻き込まれるリスクを考慮に入れても、いざというときに守ってもらえるような信頼関係を維持することはとても大切だ。それをやめると、かえって大変なことになる。現在の安全保障環境から、必要最小限度の自衛力で済ますためには、集団的自衛権を全面的ではなくても、一部は認める必要がある。

今回、集団的自衛権の行使を可能とするのは憲法の解釈変更だとされているが、憲法論としては解釈変更というのは誤解だ。一九五五年ごろから政府が言い続けている「自衛のための必要最小限度の実力は戦力ではない」という解釈が維持されており、今回の集団的自衛権もその範囲で導ける。必要最小限度は時代によって変わっていく。軍事技術の発展や他の諸国の軍備、世界情勢の変化に伴って変わっていくものだ。

集団的自衛権によって、抑止力が一〇〇%になる保障はないが、それを考慮しながら、中国やロシアとも相互信頼を築いていくことがとても大切だ。

集団的自衛権を認めるのは何が何でも悪いことだという見方で、憲法違反として捉える論議は飛躍しており、非常に荒っぽい議論だ。政府は目指している全体の内容をきちんと説明できていない。憲法違反だという意見に対し、納得できる反論ができていない。数に頼って押さえ付けるみたいなことはせずに、きちんとやりたいことを説明してほしい。

日本がアメリカのパートナーになることで暴走を防ぎ、中国との関係も、ただ単に力には力をではなくて、長期的には相互に軍備縮小とか、核軍縮とかを進め、核兵器は国際的に管理して、廃絶するような方向を視野に入れてほしい。世界レベルの警察力のようなものを組織できるような体制を目指すべきではないか。そういうところに、日本の憲法が掲げている理想を生かすべきだろう。

(『茨城新聞』二〇一五年八月二六日)

二〇一四年七月一日の閣議決定が、従来の政府解釈を変更して集団的自衛権(の行使)を限定的に容認したとする説は、政府自らがそう宣言し、その是非を巡って論争が白熱してきた。しかし私は、実際には政府解釈変更ではないと以上で説き、本書の二章でその理由を詳細に論じた。ここではあらかじめ、私の主張の主な論拠を要約しておく。

集団的自衛権を違憲とする従来の政府見解としては、一九七二年の参議院決算委員会提出資料と一九八一年の衆議院稲葉誠一議員提出の質問主意書に対する答弁書がある。閣議決定において従来の政府解釈とされたのは、これらそのものではなく、二〇〇四年一月二六日の衆議院予算委員会における秋山收内閣法制局長官答弁においてで示された、それらに関する次のような秋山説である。

憲法九条のもとで許される自衛のための必要最小限度の実力の行使につきまして、いわゆる三要件を申しております。①我が国に対する武力攻撃が発生したこと、この場合に②これを排除するために他に適当な手段がないこと、それから、③実力行使の程度が必要限度にとどまるべきことというふうに申し上げているわけでございます。

お尋ねの集団的自衛権と申しますのは、先ほど述べましたように、我が国に対する武力攻撃が発生していないにもかかわらず外国のために実力を行使するものでありまして、ただいま申し上げました自衛権行使の第一要件、すなわち、我が国に対する武力攻撃が発生したことを満たしていないものでございます。

したがいまして、従来、集団的自衛権について、自衛のための必要最小限度の範囲を超えるものという説明をしている局面がございますが、それはこの第一要件を満たしていないという趣旨で申し上げているものでございまして、お尋ねのような意味で、数量的な概念として申し上げているものではございません。

（①②③の付番は武力行使の三要件を明示するため平山が付加した。以下同様）

しかし、七二年資料をみると、「平和主義をその基本原則とする憲法が、……自衛のための措置を無制限に認めているとは解されないのであって、それは、あくまで①外国の武力攻撃によって国民の生命、自由及び幸福追求の権利が根底からくつがえされるという急迫、不正の事態に対処し、国民のこれらの権利を守るための②止むを得ない措置としてはじめて容認されるものであるから、その措置は、右の事態を排除するためとられるべき③必要最少限度の範囲にとどまるべきものである」と、明らかに③（第三要件）として「必要最少限度の範囲」を挙げており、①の言い換えだという秋山の理解は明白な誤読である。

また、秋山は集団的自衛権を「我が国に対する武力攻撃が発生していないにもかかわらず外国のために実力を行使するもの」とし、①でも全く同じ「我が国に対する武力攻撃が発生」という表現を使っているが、七二年資料では集団的自衛権を、「自国と密接な関係にある外国に対する武力攻撃を、自国が直接攻撃されていないにかかわらず、実力をもって阻止することが正当化されるという地位」（傍点は平山）、八二年答弁書では「自国と密接な関係にある外国に対する武力攻撃を、自国が直接攻撃されていないにもかかわらず、実力をもつて阻止する権利」（同）と、自国が直接攻撃されていない場合における武力行使の権利としている（この定義自体の問題については二章で論じる）。

他方、七二年資料では、①については「外国の武力攻撃によって国民の生命、自由及び幸福追求の権利が根底からくつがえされるという急迫、不正の事態に対処し、国民のこれらの権利を守るための」と、わが国に対する武力攻撃が直接攻撃であると限定しておらず、間接攻撃を排除しない表現となっている。また、七二年資料の手書き原本をみると、①を言い換えた部分で、「わが国の領土又は国民に対する急迫不正の侵害」というように、当初案にはあった「の領土又は国民」が削除されている。削除前は直接攻撃を強く示唆する表現であったのにそれが除かれているので、間接攻撃をも暗に含ませるための訂正であることは明白である。

したがって、秋山は、集団的自衛権の定義にあった自国に対する直接攻撃と、①が本来意味した自国に対する直接または間接攻撃との区別を無視していずれも直接攻撃とみなし、従来からの政府見解とは異なる①を示し、秋山流①のみから、集団的自衛権行使はできないとしたことになる。秋山説が成立しえないことについては他にも決定的な理由がいくつかあり、そのひとつである集団的自衛権の政府による定義の欠陥に由来する問題点は部分的にイントロダクションで触れたが、全てについて二章で総合的に詳論する。

正しく解釈された従来からの政府見解では、①には直接攻撃のほかに間接攻撃も含まれ、①だけでは集団的自衛権行使を排除できないが、それは③、すなわち必要最少（最小）限度の範囲を超えるので違憲とされていたのであり、③は、憲法第九条第二項に関する政府解釈、すなわち自衛のための必要最小限度の実力を超えるものは、戦力に該当し、保持できないということから導かれるのである。したがって、もし、集団的自衛権を行使したほうがしない場合よりも少ない実力の保持で済む、たとえば、自前の核武装などをせずに済むのならば、逆に、集団的自衛権を禁じることが第九条第二項に反するということになる。

二〇一四年七月の閣議決定では、新三要件の①として、従来の①では暗黙のうちに含まれていた外国からの間接攻撃を区別・明示して「我が国に対する武力攻撃が発生した場合のみならず、我が国と密接な関係にある他国に対する武力攻撃が発生し、これにより我が国の存立が脅かされ、国民の生命、自由及び幸福追求の権利が根底から覆される明白な危険がある場合」としたのであり、これは従来の政府見解における①と内容的には何の変化もない。また、「現在の安全保障環境に照らして慎重に検討した結果」、集団的自衛権を限定的に認めない限り「必要最小限度」を超えた実力を保持せずにはわが国の安全を保障できなくなるという判断が下されたのであり、これも、現代の安全保障環境が七二〜八一年ころと比べて大きく変化した結果にすぎず、集団的自衛権に関する政府解釈そのものは、七二年から現在に至るまで全く変化していないのである。

このように、閣議決定の意義は、秋山の錯誤を正し、本来の政府見解に立ち戻った点にある。

二〇〇四年の秋山答弁は、従来の政府見解を誤解した上で、集団的自衛権は③とは無関係に①のみによって違憲であるとしているが、その違憲判断はどう捻り回しても憲法の文言からは導くことができず、さらに秋山の①は従来の政府見解の①とは異なるので秋山自身の独断にすぎない。そのようなものを政府解釈と認めた上で、二〇一四年七月の閣議決定を政府解釈変更だとすることは、明らかに立憲主義とも民主主義とも相容れず、秋山説を盲信したものにすぎない。

従来、閣議決定を政府解釈変更だとしてきた人々は、秋山説が憲法の政府解釈ではなく秋山個人の独断にすぎないということを認めなければなるまい。そうしなければ、個人の独断にすぎないものを憲法の政府解釈と取り違えた誤りを放置することになり、日本の立憲主義や民主主義の脆弱性を正す格好の機会をみすみす逃すことになってしまう。

（二〇一五年九月二三日、書き下ろし）

2　歴史から忘れ去られた憲法第九条成立の趣旨

（『エコノミスト』二〇一五年九月二二日号［九月一四日発売］）

憲法第九条は、生存権や社会権のような政府の政策目標である、というのが立法趣旨だったが、その真意は無視され、歴史から消えてしまった。

集団的自衛権の行使などを可能にする安全保障関連法案が衆議院で可決され、参議院で審議されているが、武力行使に関する憲法解釈の論戦は一層混迷を極めている。

この問題の本質を理解するためには、これまで明確に語られることがなかった憲法第九条の立法趣旨の真相について明らかにする必要がある。

立法趣旨とは、法が作られた際の本来の目的で、それが法の解釈・運用にとって一般には最も重要とされる。確かに、本来の目的が現在において不適切になるなど例外もあるが、それ以外は、立法趣旨に沿った解釈・運用がなされねばならない。

憲法第九条第二項「前項の目的を達するため、陸海空軍その他の戦力は、これを保持しない。国の交戦権は、これを認めない」は、現在の憲法学者による多数説や政府解釈によれば、戦力保持を現実に禁じたものであると解されている。しかし、日本国憲法の立法趣旨によれば、第九条第二項は、国連の安全保障理事会などのような集団安全保障が完全に有効である場合に限り、順守されなければならない「プログラム規定」と解するべきである。

プログラム規定とは、生存権や社会権のように、政府の政策目標であって、政府がそれを果たせなくても違憲とはされない。つまり、憲法第二七条で勤労の権利が定められていても、失業者が存在することは憲法違反ではなく、完全雇用は理想や努力目標であるのと同じく、第九条第二項で戦力不保持と交戦権放棄が規定されてもそれは理想であり、戦力を持ち、交戦することは必ずしも憲法違反とはならない。


また、現在の論争においては、個別的自衛権であれば権利として無条件に許されるという暗黙の前提が多くの論者によって置かれているようだが、プログラム規定は、あらゆる侵略戦争を防止することによって自衛権や戦力保持を無用の長物とするほどに完璧な集団安全保障の確立を政策目標とするため、自衛権自体を積極的に認めるものではない。

憲法第九条第二項がプログラム規定であるという解釈は、有事には柔軟に対応できる一方、自衛権の自然消滅を究極の政策目標とすることによって自衛権の独り歩き・乱用を防止しようとするものである。

国連の安全保障が前提

第九条の立法趣旨がプログラム規定であることは、歴史的事実であり、マッカーサー連合国軍最高司令官の見解、東京大学の宮沢俊義教授が一九四六年三月に発表して大きな影響力を持った論文「憲法改正について」、憲法改正議会における吉田茂首相の答弁や、衆議院憲法改正小委員会における芦田均委員長の提案をもとにした修正協議のいずれにおいても、そのことが確認できる。第九条がプログラム規定として制定されたのには、次のような時代的背景があった。

通説では、第九条は日本に侵略されたアジアをはじめ連合国を説得して天皇制を存続させるために、彼らの安全を保障すべく、設けられたとされてきたが、実情はそうではない。

埼玉大学の三輪隆名誉教授によれば、米国のバーンズ国務長官（任期一九四五～四七年）は、ひそかに米ソ中英の四カ国と日本の間で二五年間の非武装化条約を結び、ソ連軍を日本に進駐させるという構想を進めていた。しかし、大戦中に駐ソ大使を務め、四六年一月に任期を終えたばかりのハリマンからこれを聞いたマッカーサーは、ソ連の野心を危惧し、非武装化条約・ソ連軍進駐構想を反故にすべく、非武装化条項を盛り込んだ憲法の制定を決意した（三輪「日本非武装化条約構想とマッカーサー・ノート第２項」）。

ソ連の東アジアへの野心に対抗すべくＧＨＱ（連合国軍最高司令官総司令部）主導で憲法制定が始まったのだから、ソ連が国連の安全保障理事会で拒否権を発動することは、かなり高い確率で想定できていたはずであり、国連の安全保障に頼れなくなった場合には、日本の再軍備などが可能となるような内容の憲法を、マッカーサーは当初より意図していたのだ。

マッカーサーは、四六年四月五日の対日理事会初会議で、第九条の立法趣旨は、全ての国が守るべき普遍的な国際法を日本国憲法のなかで提案するということであり、日本だけが守るべき実定法として戦争放棄を定めるということではないという趣旨の演説を行っている。

具体的には、第九条第一項は、国際連合憲章第二条第三項（紛争の平和的手段による解決）、第四項（武力行使と武力による威嚇の原則禁止）を踏まえており、それとほぼ同義と見てよい。

また、第九条第二項は、国際連合の安全保障理事会など、集団安全保障がうまく機能していることを前提としており、これが成り立たない場合は、戦力を保持し、他に手段がなければ自衛のために交戦するのもやむをえないと日本国憲法の立法に携わった主要メンバーによって解釈されていた。

四六年六月二八日の衆議院本会議における吉田首相答弁では、「交戦権放棄に関する草案の条項の期する所は、国際平和団体の樹立にあるのであります。……国際平和団体が樹立された場合に於きましては、正当防衛権を認むると云うことそれ自身が有害であると思うのであります」とあるように、第九条第二項は国際平和団体の樹立を期し、それを前提としていると吉田は考えていた。

憲法前文では、全世界の国民が「平和のうちに生存する権利を有する」とあるように、平和を希求することが認められているのは確かだが、前述したように、それが権利として保護されるのは、安全保障理事会のような集団安全保障が完全に機能している場合に限られる。つまり、平和的生存権は、他の生存権・社会権と同様のプログラム規定なのである。

非公開にされた速記録

第九条第二項の立法趣旨は以上のようなものであったが、冷戦が深刻化するとともに、立法者たちの真意はねじ曲げられ、歴史から忘れられてしまった。

たとえば、朝鮮戦争勃発後、吉田が自衛のための再軍備を唱え、実行した際、先述した吉田答弁のうち「正当防衛権を認むるということそれ自身が有害である」という部分だけがクローズアップされて、吉田は憲法制定時には自衛権まで否定するような発言をしていたと批判された。これが学界や世間に広まり、吉田がプログラム規定説という、再軍備を必ずしも違憲とはしない立場で憲法制定に関わっていたという事実は黙殺されてしまった。

また、第九条第二項は、平和機構（完全な集団安全保障）の樹立を目的とし、それが樹立された暁には戦力不保持・

交戦権放棄を実行するという意味を明確にするため、「前項の目的」すなわち「正義と秩序を基調とする国際平和」の実現という第九条が目指すべき理想が付け加えられ、「保持してはならない」という禁止から「保持しない」という意思表示に改められたが、五六年にこの経緯が記録された衆議院小委員会の速記録は非公開とされてそのことは隠蔽された。九五年には公開となったが、このときにはもう修正の趣旨を読みとって指摘する人はいなくなっていた。この非公開を指示した首謀者は、立法趣旨に反するいずれかの解釈を守ろうとしたと思われるが、それが誰であったかは現時点では明らかにされていない。

このようにして、第九条第二項の立法趣旨はほとんど歴史上から忘れ去られてしまっていた。

しかし、宮沢俊義や、英米法の大家として著名な東京大学の田中英夫教授も述べているように、立法者の意図に反する解釈に合理的な根拠ないし実質的な理由がない限り、立法趣旨は尊重されるべきである（宮沢「文民誕生の由来」、田中『憲法制定過程覚え書』）。田中教授は更に、「立法過程の示すところと違う解釈を、これこそが文言の文理上唯一絶対の結論であると説くのは、悪しき意味のドグマティーク（教義）以外の何ものでもない」とまで述べている。この基準からすると、立法趣旨から乖離した第九条解釈である多数説と政府解釈はいずれも不適切である。従来の政府解釈による運用とあまりかけ離れないよう、法的安定性に配慮しながら、以上のように明らかになった立法趣旨によって第九条を解釈・運用しなければならないだろう。

3　安保法成立に際して

二〇一五年九月一九日未明、安全保障関連法が成立し、その日の午後、茨城新聞より、それについて四〇〇字程度のコメントを求められたので、以下を寄稿した。

政府から憲法違反という批判に対する明確で納得できる反論がないまま法案が成立したことは、大変遺憾です。私が取材で話した（本巻一章の1前半）ように、昨年七月の閣議決定が政府解釈変更を伴うというのは誤解ですが、内閣法制局は従来から集団的自衛権を合憲とするには政府解釈変更が必要だという誤った説を唱えてきたため、自分たちの過去の誤りを認めず、説明責任を放棄して、政治家の多数決による決着へと仕向けたのではないかと疑っています。

また、民主党の岡田代表が、二〇〇三年と二〇〇五年に、集団的自衛権は必ずしも違憲ではなく、行使を可能とするような法整備を進めるべきだと述べたことが、参議院の審議において明らかになりました。そのような党首を頂く民主党が、法案に不安を抱く世論に阿って、次の選挙で票を稼ぎ、あわよくば政権を奪回しようという目先の利害にとらわれて、国家百年の計にかかわるという政治家の本務を放棄したことも、残念でなりません。

それに対して、さらに、成立の意義についても述べてほしいとの要望があったので、以下のように回答した。

私の理解では、従来の政府解釈によれば現在の安全保障環境のもとで、集団的自衛権を全面禁止することが憲法違反なので、今回成立した法には色々と問題が残っているにせよ、ともかく集団的自衛権を限定容認することで政府が違憲とする状態を自ら解消できたことは評価すべきで、残された問題は今後改良してゆくべきだと思います。

茨城新聞に掲載された記事は、次のようなものになった。

成立した安全保障関連法について、筑波大の平山朝治教授（国際日本研究）は一定の評価を示し、反対の立場で活動してきた村上達也元東海村長（七二）は改憲への動きを見据えた戦いの継続を強調した。

（小池忠臣、戸島大樹）

行使禁止こそ　憲法違反だ　筑波大教授・平山さん

平山教授は「安全保障から考えれば日本にとって日米同盟は基軸だ」とし、集団的自衛権行使を限定的に可能とする法案の成立を評価した。

「私の理解では、従来の政府解釈によれば現在の安全保障環境のもとで、集団的自衛権を全面禁止することが憲法違反。今回成立した法には、いろいろと問題が残っているにせよ、ともかく集団的自衛権を限定容認することで、政府が違憲とする状態を自ら解消できたことは評価すべきだ」と述べた。

ただ一方で、「今回の法案が憲法違反だという批判に対し、政府による明確で納得できる反論がないまま法案が成立したことは大変遺憾だ。残された問題は今後、改良してゆくべきだ」と指摘した。

（『茨城新聞』二〇一五年九月二一日）

それに対して、私は少なからぬ不満を感じたが、訂正記事を要求するほどのこともないと思い、掲載を知らせるメールに、以下のような断り書きをつけることで、私の真意を伝えようと試みた。

茨城新聞二〇一五年九月二一日二五面に、安保法成立に関する私のコメントが掲載されました。見出しの「行使禁止こそ憲法違反だ」は、私の意見ではなく、本文をよく読んでいただけば明らかなように、従来からの政府解釈によればそうなるというだけのことです。私は八月二六日の同新聞記事で政府解釈が昨年七月の閣議決定で変更されたというのは誤解だと述べており、その立場から、政府が自分のしていることを正しく認識し、表明すればこうなると述べたにすぎません。

私自身は、立法趣旨によれば第九条第二項はプログラム規定なので集団的自衛権が合憲か違憲かと問いを立てること自体が間違いだという立場です。今の論争は政府解釈の変更の是非を中心に闘われていて、私はその前提が間違っていて、政府解釈変更ではないという立場なので、まずまず許容範囲の見出しかとも思いますが、やはり自分の言いたいことが正確には伝わっていないことは面白くないので、事情を記すことにしました。元東海村長さんは、経済的徴兵制、つまり他に職がないため不本意ながら兵隊さんになる人が格差拡大で増えるとの危惧を語ったのに「徴兵あり得る」という見出しなので、どう思っておられることでしょう？　私なら厳重抗議して訂正記事掲載を要求するところです。

もともとの寄稿文では、内閣法制局が過去の誤り（二〇〇四年一月二六日の衆議院予算委員会で秋山長官が集団的自衛権に関する七二年と八一年の政府見解を誤解して支離滅裂な答弁をしたこと）を隠蔽したまま、政治家の多数決で決着させて自分たちの説明責任から逃れようとしているのは遺憾だとか、民主党の岡田代表が集団的自衛権は必ずしも憲法違反ではないので法整備すべきだとかつて公言していたのに、次の選挙の票という目先の利害にとらわれて国家百年の計に携わるという政治家の本務を放棄したのは残念だといったことを述べたところ、小池記者から、成立の意義についても述べてほしいと言われ、傍観者的コメントをしただけのことで、本来言いたかった二つの論点はいずれも没になりました。これも限られた紙面で読者へのインパクトの強いものを作るという小池記者の仕事上の立場を思えば致し方ないことと飲み込んでいます。

安保法成立に至るマスコミの報道は、対立を誇張し、徒《いたずら》に国論を分裂させることによって、より多くの読者の興味をかき立てようとしがちであったと思う。そのような風潮のため、自分の言いたいことを歪めて伝えられたということは、右の例に限られないようである。朝日・毎日vs読売・産経とよく言われるようなマスコミの対立の実態は、棲み分け分業をして、新聞業界全体として左右それぞれの隅々まで国民を惹き付け、新聞業界全体としての利潤最大化をめざしてきたのだと、経済学者ならば見るべきだろう。慰安婦報道などを巡るバトルは、カルテル独占利潤の分配を巡る対立を背景としているのだろう。

今日において、国民のイデオロギー的対立の少なからずは、全体としての利潤極大化を目指すマスコミに踊らされ、過度に誇張されているのではなかろうか。実際、新聞業界は日本の諸業界のなかでも最も独占力の強いカルテル団体のひとつであることを、われわれ国民は忘れるべきではない。多様な言論を保つために、マスコミに対して他の業界にはない法的保護が必要であることは認めるとしても、その弊害を国民は自覚すべきであり、それによって、マスコミに踊らされることなく自分の知見を築き、鍛えることができるのではないだろうか。

立憲主義を巡ってマスコミが発信した言説は、法（案）に賛成・反対を問わず、何が政府解釈であるかに関する政府発表の誤りを無批判に前提したため、大いに歪められ、日本の立憲主義そのものを危機に陥らせたと、私は感じている。集団的自衛権を巡る政府の憲法解釈は、一九七二年以降全く変更されておらず、二〇〇四年の秋山答弁はそれを誤解したが、二〇一四年の閣議決定によって本来の政府見解が確認されたということは、法（案）に対する賛否にかかわらず、あらゆる人々に共有されるべき基本的事実であると思う。

立憲主義・多元主義的民主主義は、大多数の人々が共有しうるような、共通の土俵を形成する不断の努力を伴わなければ、うまく機能しない。なかでも、憲法の重要な条項については、解釈が大きく分かれるようなことは望ましくないのであり、大多数の人々が一致しえるような解釈を形成する努力が必要である。しかし、法的に保護されたカルテル団体としての多元的なマスコミは、上で論じたように、それに反することをしがちである。

七二年以降の政府解釈において、集団的自衛権が全面的に違憲であるか、限定的に合憲である（全面禁止が違憲である）かは、いずれが必要最少限度の範囲にあるかによって決まるということは、私が詳細に論証を試みたことであり、大方の賛同を得ることが可能だと思うが、だからといって、私は政府解釈を肯定的に評価しているわけではない。

政府解釈は、最適資源配分という経済学的課題の必要条件である自衛（国防）のためのコスト最小化について述べたものであり、日本に限られない、あらゆる国家に対して要請される規範にすぎず、第九条第二項の戦力不保持という、他に例のない、日本国憲法に固有の条項の解釈としては不適切であり、むしろ、各国の憲法よりも上位にある自然法の規定を述べたものだと位置づけるべきだと思う。

その上で、第九条第二項をどう解釈するかを改めて考えなければなるまい。従来の多数説のように、他国の軍備や軍事的脅威を無視して一方的に、日本は軍備を持たないということを実定法的に義務づけたものだとする憲法学多数説は現実的ではないという判断は、今日において、国民の七割以上の支持を得ていると思う。

そのため、安保法（案）に対して、多数説に基づき個別的自衛権・集団的自衛権いずれについても軍事力を行使してはならないという風に批判する論調はほとんどなく、限定的な軍事力行使を容認した政府解釈を前提した上で、個別的自衛権に限定するという従来のやり方を保つべきか、集団的自衛権を一部解禁すべきかを巡って、議論が展開されたと思われる。その論争は、第九条第二項に関する政府解釈を巡る議論としては賛否いずれの側も誤っていた。同じ政府解釈のもとでの政策的判断の問題にすぎないことをいずれの側も憲法問題ととり違え、憲法を巡る国論の対立を誤って引き起こしてしまったのである。

したがって、第九条第二項は、それを政府解釈という自然法的な規範とは異なる、日本独自の実定法的規範と理解すれば、非現実的なものになるということについては、今日において国民的合意が存在するとみてよいように思われる。その上でなお、それを日本が堅持し続けるためには、それは日本が世界に発信する平和主義の理想を表現したものととらえるほかないように思われる。

本巻一章・2でその概略を述べ、三章で詳しく検証するように、第九条第二項は、マッカーサー、宮沢俊義、吉田茂、衆議院芦田小委員会など、主要な立法者によって、集団安全保障の確立を日本が率先してめざすことを世界に対して宣言し、それが実現する際に世界各国が同時にとるべき、世界的な「刀狩り」を提案したプログラム規定とされていた。このように、戦力不保持を理想と位置づけることは、今日においても、全世界に対して日本の安全保障政策の基本的立場として宣言する価値があり、国民の少なくとも七割の支持を得ることも可能であると思う。

マッカーサー三原則やGHQ草案の書かれた英語を母国語とする人々の間では、第九条第二項をプログラム規定として読むことは、今日でも自然な解釈であるようだ。スタンフォード大学が二〇一五年五月に公開した『太平洋戦争終結七〇周年に考える——八人のスタンフォード研究者による終戦の日の談話』(http://aparc.fsi.stanford.edu/sites/default/files/tai_ping_yang_zhan_zheng_zhong_jie_70zhou_nian_nohui_xiang_reduced_1.pdf)では、八人中二人がプログラム規定として第九条第二項を解釈した上で、終戦七〇周年に際して日本が世界に発信すべき安全保障政策を提案している。星岳雄氏は、三章に収録した私の論文を読み、共感してそのような内容を記されたそうだが、トーマス・フィンガー氏は、私の論文とは独立に同趣旨の提案をされたと、星氏は仰った。

日本における非武装中立論の創始者である山川均も、国連の安全保障に頼れることを前提として非武装を説いたので、プログラム規定説として非武装中立政策を説いたと思われる(本巻、三章・2・㈡を参照)。しかし、山川の後、社会党左派を指導した向坂逸郎は、冷戦においてあからさまにソ連を支持し、社会主義革命を実現するための一時的方便として非武装中立を説き、社会主義政権が成立したならばそれを資本主義から守るために再武装するのは当然だとした(同、三章・2・㈢を参照)。

今日の憲法学多数説は、ソ連の崩壊とともに、社会主義革命に向けた合理的戦略としての非武装論という裏付けを失って、いわば自己目的として軍備放棄を唱えており、その非現実性ゆえ、国民の支持を失ってしまったように思われる。あからさまに親ソ的だった向坂から、現実の共産主義は全体主義の一種であると戦前から一貫して見抜いていた山川へと、非武装中立論の源流を遡れば、さらにその源に、憲法立法者たちのプログラム規定説が再び見えてくるのではなかろうか?

今後、憲法改正を巡って、より具体的な検討が始まるだろう。第九条第二項がプログラム規定であるという立法趣旨は、冷戦の深刻化とともに、それとは異なる諸解釈が広まったため、忘れ去られてきたことを思うと、本来の立法趣旨を誤解の余地なく表現するように第九条第二項を改めることは、立法趣旨とも合致し、望ましいように思われる。また、前文についても、プログラム規定としての第九条第二項との関連がはっきりするように、必要最小限の手直しをするべきであろう。

さらに、第九条第三項として、武力行使の三要件を確認した二〇一四年七月の閣議決定（新三要件と呼ばれるが、実際には旧来の三要件と同内容）をもとにして、武力行使の条件を明文化することも、第九条第二項に関する伝統的な政府解釈を継承するものとして、必要であろう。

（二〇一五年九月二五日、書き下ろし）

二章　集団的自衛権を巡る憲法論争の再検討

はじめに――しろうとには理解困難で、国際法とは異なる、日本政府の集団的自衛権

国際法的には日米安保条約による米国への基地提供などは日本による集団的自衛権の行使とされる(1)にもかかわらず、それは日本の個別的自衛権とアメリカの集団的自衛権を組み合わせたもので、日本の集団的自衛権とはかかわりないという、独自の集団的自衛権の用法を一九六〇年以降の日本政府は採用した。

一九六〇年に始まる、集団的自衛権に関する政府の用法がまだ存在しなかった一九五九年一二月一六日の砂川事件最高裁判決は日米安保条約を合憲としたので、国際法的意味での集団的自衛権の行使を最高裁は合憲（例外なく違憲とは言えない）としたことになる。しかし、日本の憲法学多数説では、最高裁判決は日本の個別的自衛権行使としての外国軍隊の駐留を合憲としたのであり、日本の集団的自衛権行使に関しては何の判断もしていないとされる(2)。国際法や五九年の最高裁判決と六〇年以降の日本の法制局（六二年以降、内閣法制局）・憲法学者との間では「集団的自衛権」の用法が違っても言葉は同じだという歪んだ言語空間がそもそも、集団的自衛権を巡る論争に、共通の土俵を提供しにくくしてきた。

最高裁が国際法の定義で集団的自衛権に当たるものを合憲だとしたのに、日本の一部の憲法学者・官僚だけが、判決のあとから使うようになった用法によれば、集団的自衛権について最高裁は何の判断もしていないと、これが真理であるかのように主張するのは誤解を招くことであり、判決の対象となった例は実は個別的自衛権の問題だと判決の直後に彼らだけで、おそらく判決が集団的自衛権を合憲としているのではないと説明するために決めたということにすぎず、

それを、政府の公式見解として、世界や普通の日本人にまで押し付けることはできない。国際法に反する用法を学者が採用することは、学問の自由として憲法によって保護されるが、政府が採用することは、「日本国が締結した条約及び確立された国際法規は、これを誠実に遵守することを必要とする」という憲法第九八条第二項違反ではなかろうか。

集団とは、日常的には、複数の同類個体（個人や国家）からなる集合を意味し、自発的契約として形成される集団は、成員間で互恵的関係があるはずなので、自発的契約の一種である条約に基づく日米同盟は日米の相互援助を根幹とする集団的自衛権に基づいているとするのが、常識的にも分かりやすく、国際法における日米安保条約の理解とも合致する。それに対して、六〇年以降の政府の立場によれば、日米安保条約は日本の個別的自衛権とアメリカの集団的自衛権の組み合わせだとされるが、これは「集団」の日常的な意味に反する用法である。国際法と日常言語に反する用法が今日に至るまで、まかり通ってきたのである。

内閣法制局や日本の憲法学者は、国際法とも日常的意味とも乖離した独自の意味で「個別的自衛権」「集団的自衛権」という言葉を使ってきたのだが、そのことを内外に十分説明していただろうか？　丁寧に説明しても国際法とも日常言語とも異なる意味を正確に理解した上で受け入れることは、安全保障問題に関心の強い、賢明で良心的な国会議員や評論家など一部の人以外にはあり得ず、他の人たちは日常言語の意味から乖離した法律用語を使いこなすほどの知的訓練を受けていないか、受けていてもそういうところに注意力を注ぐほどの余力がないので、ついつい一般的な意味に引きずられてしまう。私自身、この問題について論文を書こうと思うまではそうだった。

第九条の非武装解釈をとって自衛隊も日米安保も憲法違反だとする社会党左派系の人々も、自分たちの解釈では集団的自衛権による武力行使が憲法違反なのは当たり前なので、政府がそれを憲法違反としたことが政府解釈として筋が通っているかどうかなどという観点から批判的に吟味することはなかった。このようにして、政府解釈の枠内で集団的自衛権違憲という結論は必ずしも導出できないかもしれないのに、そういう風に問いを立てる人は絶えていなかった。私の知る限り、二一世紀に入ってから岡田克也や安倍晋三が、そのような議論をし始めたようである。

岡田が現在代表を務めている民主党は、安倍内閣による集団的自衛権の限定容認を、内閣法制局をないがしろにして政府解釈を変更する非立憲主義として批判する論調を支持しているが、内閣法制局に対する強い批判を持ち、その憲法解釈にとらわれない立場を早くから示してきたのは民主党であり、安倍内閣よりもかなりラディカルな試みをしてきたと思われる(3)。

政府のいう意味での集団的自衛権を巡る議論は、国際法から乖離していて日本だけでしか通用しない、しかも常識とかけ離れた法理上の抽象的概念としての「集団的自衛権」を使いこなせると思っている人たちだけに許される、内向きの議論であり、そこで出てきた、集団的自衛権の行使は憲法違反だという結論は、なぜそうなのか理解できないまま、集団的自衛権とは、その内実はよくわからないが、平和憲法に反する、何かよくないものだという漠然とした否定的イメージを一般の日本人に植え付け、憲法学者や立法に携わる官僚たちの議論になかなか批判的に立ち向かえないものにしてしまった。日常言語と異なる用法をあえて採用しているため、彼ら自身が誤謬に気付かないままになっていると思われる点も少なくない。その種の誤謬に気付くためには、彼らにとって常識と化していることになじみのない、私のような人間のほうが、かえって適役ではないかとも思われる。

以下において私は、そのような門外漢の立場から、玄人の議論が見落としている問題点をいくつか指摘してみたい。

憲法の基本的な内容は、誰もが誤解の余地のないよう理解できるものでなければ、法の下の平等や法の支配といった近代社会の基本原則に悖《もと》るのであり、仮に私の以下の議論に誤りが含まれているとしても、そのように誤解される余地のあるような法文やその解釈の説明の仕方は不適切で、誤解の余地のないように改める必要があるということは指摘でき、そのための材料を提供するという意味はあるだろう。

1 「憲法に軍規定がないので違憲」論は不成立

集団的自衛権が憲法違反であるとする論拠としては、日本国憲法は（国内）行政権と外交権を規定しているが軍事権を規定しておらず、個別的自衛権は行政権の一種と解せるが、集団的自衛権は憲法が規定していないとする議論と、集団的自衛権は第九条に反するとする議論とがあり、「どちらの説明をとるかは、論者の好みによるところが大きい」(4)とされている。現実にはいわゆる護憲派にとって錦の御旗である第九条に反するとされることが多いが、前者の議論は、第九条がプログラム規定であるという立法趣旨(5)と一見両立しうるので、これについてまず検討してみよう。

憲法のなかに軍事を巡る肯定的な規定がないことは、自衛隊のような軍事組織の違憲性の根拠であると論じられることもあるが、個別的自衛権を認める立場からは、自衛隊は国内行政権にかかわるものという風にしてその批判を免れると考えられている。だとすれば、他国を防衛するための集団的自衛権は外交権に属するものとして正当化するのが、自然な発想であろう。「戦争とは政治におけるとは異なる手段をもってする政治の継続にほかならない」「戦争は本来、政治のための手段であり、政治的交渉の継続にすぎない。つまり、戦争は政治の一部分であり、政治に従属している。そこで戦争は、政治的行為であるばかりでなく、政治の道具であり、彼我両国のあいだの政治的交渉の継続であり、政治におけるとは異なる手段を用いてこの政治的交渉を遂行する行為である」(6)という、クラウゼヴィッツの戦争に関する有名な定義において、政治とは彼我両国間の政治、すなわち外交のことであり、戦争（権）は外交（権）の一部である。外交権に従属しない軍事権は文民統制の欠如を意味する。

さらに、クラウゼヴィッツの、戦争は外交の継続だというとらえ方は、あらゆる国家間の武力行使にかかわるものである。日本国内への外国の侵略に対して個別的自衛権によって抗戦することも、国内政治にかかわる行政権の範囲に入る問題に尽きるわけではなく、対外関係であるから、外交権にもかかわるし、侵略国との外交の一種なので、基本的には外交権の管轄下にあり、行政権はそれに従属し付随的な問題を処理するにすぎないと考えられる。このように、個別的自衛権も集団的自衛権もひとしく外交権の一部ととらえられる。それに対して内乱鎮圧は行政権の内部であると一応言えるが、冷戦期の共産ゲリラのような場合、ソ連など共産国家との外交の面も持つ。

このように考えれば、個別的自衛権は行政権で正当化できるが集団的自衛権を正当化しうる憲法上の規定がないということはできず、正当化しえるとすればいずれの自衛権も他国と日本の関係にかかわるので外交権に基づかせるほかないことになり、個別的自衛権は合憲だが集団的自衛権は違憲だとする第一の論拠は成立しないことになる。

先に述べたように、軍規定の不在を根拠に、第九条は戦力保持・交戦権放棄を実定的に定めたものとする解釈がある。しかしこれは、立法趣旨に反する。軍規定の不在は、松本憲法問題調査会での宮沢俊義の提案に発するが、彼自身、それについて、そこで述べたことは「徹底した非武装思想ではなく、ただ軍の規定を憲法に置かないというだけ」なので、

「憲法改正について」の考え方は「やはりマッカーサー草案から来ていると見るべきでしょうか」としている(7)。そして、マッカーサー草案も「憲法改正について」も非武装をプログラム規定としているのだから、軍規定の不在も、集団安全保障が完成し、戦力不保持・交戦権放棄が実現した状態を先取りしたプログラム規定と解するほかない。このような立法の経緯からして、軍規定不在を根拠に、第九条第二項は戦力保持を実定的に禁じていることを意味するとか、憲法は集団的自衛権の行使を実定的に禁じている、などと考える余地はない。

ところで、日本国憲法のなかに軍規定がないというのは厳密には誤りである。戦前の軍部大臣現役武官制のように軍事権を外交権に従属させないということは、文民統制＝シビリアン・コントロールが成り立たないということであり、そうならないよう、「内閣総理大臣その他の国務大臣は、文民でなければならない」という憲法第六六条第二項（文民条項）があり、この立法者である貴族院帝国憲法改正案特別委員小委員会においては、文民とは現役武官でないものを意味していた(8)。したがって、現役武官でない内閣総理大臣その他国務大臣が外交権の一部として軍事権を行使するということが、憲法において明確に規定されており、軍事権の規定としては、これで十分であろう。少なくともそういう判断から、極東委員会は文民条項の追加を求めてきたのだ。

なお、個別的自衛権を外交権ではなく行政権に結びつける発想は、国内問題としてそれをとらえてしまうような、内向きの視野の所産と思われ、集団的自衛権を憲法違反であるとするこの議論を支持する者は対外関係・外交をまともに認識できていないという欠陥があることにもなろう。

このように、憲法のなかに軍規定がないことによっては、個別的自衛権を合憲、集団的自衛権を違憲とはできないので、第九条の解釈としてそれを導けるかどうかが問題となる。第九条を読むとどこにも、集団的自衛権は違憲だとは書かれていないのだから、違憲だということを導くことができるというほうが不自然であり、どのようにしてそれが導かれているか、無条件に違憲とされているのか、それとも条件付きでしか違憲とできないとされているのかを、注意深く吟味することが必要である。

そのためには、政府解釈の変遷をたどってみる必要がある。

2　一九五四年下田武三外務省条約局長の集団的自衛権行使不可能論は、禁止ではなく事実判断

集団的自衛権違憲論の発端とされているのは、衆議院外務委員会で一九五四年六月三日になされた、下田武三外務省条約局長の答弁である。

現憲法下におきまして、外国と純粋の共同防衛協定、つまり日本が攻撃されれば、相手国は日本を助ける、相手国が攻撃されたら、日本は相手国を助ける、救援におもむくという趣旨の共同防衛協定を締結することは、現憲法下におきましては不可能であろうと存じております。

（質問省略）

その理由は、憲法第九条第二項の『国の交戦権は、これを認めない。』というところにあるわけでございまして、共同防衛を約束しながら、おれの国は交戦権がないから、お前の国が攻撃されても、武器をとつて救援におもむいて、交戦権をフルに行使して助けに行くことはできないのだというようなことでは、どこの国も共同防衛協定を結ぼうと

する気づかいがないわけでありますから、従いまして交戦権禁止の規定からして不可能であるというように存じております。

（質問、答弁、質問、省略）

平和条約でも、日本国の集団的、個別的の固有の自衛権というものは認められておるわけでございますが、しかし日本憲法からの観点から申しますと、憲法が否認してないと解すべきものは、既存の国際法上一般に認められた固有の自衛権、つまり自分の国が攻撃された場合の自衛権であると解すべきであると思うのであります。集団的自衛権、これは換言すれば、共同防衛または相互安全保障条約、あるいは同盟条約ということでありまして、つまり自分の国が攻撃されもしないのに、他の締約国が攻撃された場合に、あたかも自分の国が攻撃されたと同様にみなして、自衛の名において行動するということは、一般の国際法からはただちに出て来る権利ではございません。それぞれの同盟条約なり共同防衛条約なり、特別の条約があつて、初めて条約上の権利として生れて来る権利でございます。ところがそういう特別な権利を生ますための条約を、日本の現憲法下で締結されるかどうかということは、先ほどお答え申し上げましたようにできないのでありますから、結局憲法で認められた範囲というものは、日本自身に対する直接の攻撃あるいは急迫した攻撃の危険がない以上は、自衛権の名において発動し得ない、そういうように存じております。

（以下、国会での発言は、国会会議録検索システム http://kokkai.ndl.go.jp をコピー&ペーストした。）

しかし、相互防衛条約締結が集団的自衛権行使の必要条件だという国際法上の規定はどこにもなく、その前提なしに集団的自衛権が行使された事例は多いし、日本には交戦権がないので相互防衛条約を結ぼうとする国がないというのは、交戦権放棄のためたとえ他国から相互防衛条約を結ぼうと誘いがあっても日本はそれに応じることは憲法上許されないというのとは異なって、極めて消極的な理由であり、個別的自衛権の行使としては武力行使ができるのだから、交戦権によらない相互防衛もありえると判断した外国が締約しよう日本に持ちかけることはありえるし、その場合、憲法が締結を禁じることはできないということになるだろう。

下田は、交戦権放棄のため、相互防衛条約＝集団的自衛権条約を締結しようとする他国はないという事実判断をしただけで、交戦権放棄が集団的自衛権の行使を禁じると言っているわけではない。また、第九条第二項前半の戦力不保持とは全く独立な議論を下田は展開していたことにも注意しなければならない。

交戦権は必ずしも明確な概念ではないが、それは宣戦布告によって生ずるとすれば、交戦権によらない海外派兵の例は戦前の日本やドイツをはじめ、多数ある。したがって、交戦権を放棄した日本に対して相互防衛協定を結ぼうとする国がいても不思議ではないし、仮に締結されれば「日本国が締結した条約及び確立された国際法規は、これを誠実に遵守することを必要とする」という憲法第九七条第二項によって、日本は締約国の防衛のために派兵する義務を負うことになる。

日本は日華事変で、不戦条約を遵守した自衛権(9)の行使であると主張し、宣戦布告しなかったが、連合国側からは侵略とみられたのであるから、戦後日本が海外派兵を禁止しようとする本来の目的は、侵略との区別がはっきりしない個別的自衛権行使を自粛し、どこからも文句がつけられない範囲に個別的自衛権行使を限定することだったはずである。しかし、下田の答弁以降、海外派兵は集団的自衛権と結びつけてとらえられるようになってしまった。

その結果、国際法違反の侵略が、海外派兵をめぐる議論のなかで、国際法の認める集団的自衛権と連想関係に置かれるようになり、集団的自衛権行使イコール侵略といったイメージを人々に喚起するようになってしまった(10)。国際法の基本に関する正確な知識とともにそれを遵守する意識が、初等中等教育を通じて国民に定着していれば、こんなことにはならなかったと思われる。

また、二〇一四年七月の閣議決定のような集団的自衛権の限定容認はやめ、日本が行える個別的自衛権の範囲を拡大することで対処すべきだという議論があり、それに対して政府与党は、個別的自衛権と集団的自衛権は排他的な概念で、いずれでも扱えるようなものはないだけでなく、個別的自衛権の拡大解釈は歯止めを欠いた危険なものなので、相手国の要請や同意を要件とする集団的自衛権のなかで、日本が行使しうる範囲を制限するという、二重の歯止めのある集団的自衛権限定容認のほうが優れていると反論している。私はその通りだと思うが、しかし、個別的自衛権ならばよいが集団的自衛権は悪いという世間の常識を崩すに十分な説得力を持たないようである。

下田答弁の前日、参議院において「本院は、自衛隊の創設に際し、現行憲法の条章と、わが国民の熾烈なる平和愛好精神に照し、海外出動はこれを行わないことを、茲《ここ》に更《あらた》めて確認する」という「自衛隊の海外出動を為さざることに関する決議」(http://www.sangiin.go.jp/japanese/san60/s60_shiryou/ketsugi/019-57.html)が採択されており、この決議は憲法から集団的自衛権に基づく海外派兵の禁止が必ずしも導けないことをふまえて、憲法の条章と平和愛好精神とを並列させたものである。政府も自衛隊法によって海外派兵はできないと言っており(一九五四年五月六日、衆議院内閣委員会における木村篤太郎国務大臣の答弁)、自衛隊法を改正したり、国内法より優越する条約で規定した上で、海外派兵することは、必ずしも政府解釈において憲法違反ではないという理解は、政府与野党を通じて共有されていたことになる。

この決議に対しては、他国の受けた侵略に対して救援要請があるのに援軍を派兵しないのは侵略を受けた国を見捨て、侵略を見過ごすということで、このほうが平和愛好精神に悖るという批判も可能である。そういう批判が高まらなかったのは、やはり、敗戦に伴い、海外派兵に自信をなくし、内向きであることが平和主義であるという気分が、国民の大多数を覆っていたからであろう。そういう国民感情を背景に、政府解釈によれば海外派兵を禁じる憲法上確かな根拠はないため、海外派兵はしないという決議がなされ、下田も、そのために必要な相互防衛条約を結ぼうとする国は、交戦権放棄のためいないだろうと言っただけで、海外派兵は違憲であるなどとは決して主張してはいない。

以上のように、憲法では海外派兵を禁止できるか疑わしいので、参議院で「憲法では明白に禁止されてはいないが」というニュアンスを込めて「行わない」ことが決議され、下田は、交戦権放棄のためそういうことはなかろうと推測していたというのが真相である。しかも、下田の推測はきわめて根拠薄弱な希望的観測であり、むしろ、前日の決議などしなくてよかったと遠回しに批判するための、強引な議論のように、私は感じる。下田は、沖縄返還交渉の際、核兵器の撤去は非現実的だと述べ、核拡散防止条約への加盟に反対し、最高裁判所判事としては、尊属殺重罰規定違憲判決の際、ただ一人合憲の反対意見を出した（https://ja.wikipedia.org/wiki/下田武三）。

このように、下田は戦前の武断的・権威主義的体制に愛着を持つ筋金入りの右翼的人物であり、集団的自衛権違憲論を最初に唱えた人であるとは考えがたい。下田答弁は本来、衆議院でも参議院と同様の決議が行われることを阻止し、海外派兵の余地を残そうという意図を帯びていたと思われるが、それと正反対の意味をお仕着せられ、集団的自衛権を違憲とする政府解釈の元祖とされるようになった(11)。これは、文言の一部をその文脈や発言者の意図から切り離して、自分にとって都合のよいように意味改変して引用するという、第九条を巡って横行してきた不正な解釈の好例である。

3　一九六〇年岸信介内閣――根拠を示さぬ海外派兵違憲論で安保ただ乗り

一九六〇年三月三一日の参議院予算委員会で岸信介首相は、次のように答弁した。

「日本の憲法におきましては、これを外国に出て他国を、締約国であろうとも、その他国を防衛するということは憲法が禁止しておるところでございますから、私はその意味において、この集団的自衛権、集団的な自衛権の最も典型的なものはこれは持たない」

下田は、交戦権の放棄により、相互防衛条約を結ぼうとする他国はいないので、他国に出て他国を防衛することは事実としてないだろうとしていたのに、岸は、「締約国であろうとも……憲法が禁止しておる」としている点に、大きな飛躍が見られる。

下田の説明では、締結されれば憲法第九七条第二項からして海外派兵しなければならないが、第九条第二項のため締結しようとする外国はないだろうから海外派兵もないだろう、しかし海外派兵は違憲ではないとしていたのに対して、仮に条約が結ばれても憲法（第九条を岸は念頭に置いていると思われる）によって海外派兵という条約上の義務は果たせないというのが、岸の主張であり、憲法から海外派兵はできないということが無媒介に帰結しているが、その根拠は示されていない。下田答弁と明らかに違うことを主張しているのだから、その理由を示す義務が岸にはあったはずだが、それを怠っている。

一九五四年の参議院決議や下田答弁の段階では、条約に基づく海外派兵は違憲であるとされていたわけではないのに、岸は大いに飛躍し、憲法第九七条第二項を違えて条約に反しても派兵できないとした。海外派兵違憲が第九七条第二項よりも優先されるという主張だが、憲法からどのようにして海外派兵禁止が導かれるのかは示されていない。下田がそう主張していたと岸は思っていたかも知れないが、それは明らかに誤読である。下田の説くところに忠実であれば、もしもアメリカが日本の海外派兵を含むような相互防衛条約を求めてきたならば、日本には憲法上それを拒むような根拠があるとは言い切れないのである。

このようにして、集団的自衛権の典型である海外派兵を禁ずることは、憲法に関する政府解釈によっても根拠がないにもかかわらず、あたかも違憲とするに足る根拠があり、第九一条第二項よりも優先されるとまで、海外派兵違憲論は岸によってエスカレートされた。

その背景には、一九六〇年一月一九日に調印された日米新安保条約の交渉があるだろう。新条約は、単にアメリカ軍に対する基地提供を定めていたにすぎない従来の安保条約に変えて、日本を米軍が守る代わりに、在日米軍への攻撃に対しても自衛隊と在日米軍が共同で防衛行動を行うという日米共同防衛を明文化したが、交渉の過程で、憲法のため自衛隊は海外に派兵できないと日本側は主張したのではなかろうか。集団的自衛権違憲論の起源は、下田答弁ではなく、安保条約改定時の交渉における安保ただ乗り戦略であろう。

また、海外派兵は違憲と明言することは、新安保条約の批准を与野党に説得するために有益だという、岸の現実的な判断があったとも思われる。このように、いわゆる護憲派が好む違憲論を海外派兵について認めるという大サービスをしたにもかかわらず、岸は新安保条約批准と引き換えに辞職を余儀なくされた。

他方、岸は、集団的自衛権とされるもののうちには、合憲のものもあると主張している。「他国に基地を貸して、そして自国のそれと協同して自国を守るというようなことは、当然従来集団的自衛権として解釈されている点でございまして、そういうものはもちろん日本として持っている、こう思っております」

ここで岸は、新安保条約が集団的自衛権にあたると述べていることになる。

しかし同日、林修三法制局長官は、そういう学説もあるが、日米安保は日本の個別的自衛権で説明できると固執し、その限りについては岸も林に同意した。岸と林は集団的自衛権の理解を異にし、岸によれば、日米安保による米軍の駐留は集団的自衛権、林によれば、個別的自衛権とされていたことになる。岸は、林のような定義もありえると同意したが、自分の学説のほうが主流で、林の学説は異端だということまで撤回したわけではなく、逆に、林のほうが岸の学説を認めたということである。このことは、それ以前の林の次のような発言からわかる。

同年二月一三日、衆議院予算委員会で林は「自分だけでは守る力が不足であるから他の国の協力を得て守るということは、決してこれは集団的自衛権の発動ではございません。まさに個別的自衛権の発動でございます」「自国を自国が守ることを集団的に守る、つまり他国と共同して守るということは、個別的自衛権であることは、学者の説も、どこからごらんになりましても明らかなことでございます」と述べていたが、集団的自衛権のなかには合憲のものもあるという岸には逆らえず、三月三一日には両論併記的答弁となったのであろう。

この時点では、集団的自衛権には合憲のものもあるという岸の見解を、結局林も、そういう解釈もあると認めたので、それが政府の公式見解であろう。

しかし、日米安保条約は個別的自衛権で説明できるとする林の議論は、その直前の最高裁判決において日米安保条約が合憲とされたことで、岸のような標準的な理解では集団的自衛権として合憲とされたことになってしまうことを避けるために案出されたものと考えるしかないように思われる。日米安保条約による米軍の駐留を自衛隊と同様個別的自衛権によって説明しようとするのは、自衛隊を個別的自衛権で合憲としてきた従来の政府解釈の枠内で日米安保条約を合憲としようとするものである。しかし、最高裁の判決は全く逆に、外国の軍隊は日本が保有する武力ではなく、したがって第九条第二項が保持を禁じる戦力には該当しないということで、合憲としたのであり、自衛隊が合憲か否かについては判断を避けていたのであり、自衛隊合憲を前提としてその範囲内に日米安保条約も収めようとする林の発想とは全く異なる。

このように考えると、日米安保条約を個別的自衛権で説明しようとする林の意図は、合憲とされる武力は何でも個別的自衛権のなかに含ませようとする発想から来ていると思われ、逆に言えば、集団的自衛権は全面的に違憲としたいという、憲法からは導きがたい発想を林が抱いているとしか、解釈しようがないように思われる。

岸は、集団的自衛権のうち違憲となるものとしては、「いわゆる集団的自衛権というものの本体として考えられている締結国や特別に密接な関係にある国が武力攻撃をされた場合に、その国まで出かけて行ってその国を防衛するという意味における集団的自衛権は、日本の憲法上は持っていないと考えている」（三月三一日答弁）としており、他国から強い要望があったとしても、他国の領土・領海・領空に自衛隊を派遣し、共同でその他国を防衛することはできないという意味である。

日本の領土領海領空にある他国の軍隊や、公海ないし公空にある他国の軍隊が攻撃を受けた場合には、その限りではなく、集団的自衛権を憲法は禁じていないというのが、岸の理解であるが、おそらく林は、日本の領土などにある他国の軍隊を例外として、その他のケースは違憲としたいという目論見のもとで、国際法とは異なる独自の個別的・集団的自衛権の用法を唱えたのであろう。

安保改定交渉中に、アメリカに対して海外派兵は違憲だという説明がなされて、アメリカ側からもさしたる反論はなかったものと推測できる。おそらく、条約のなかに自衛隊の海外派兵を盛りこめば、文理解釈上憲法違反だという根拠は見出しがたいが、憲法違反だという国内世論の高揚を引き起こすのは必至であり、自民党政権は崩壊して社会党が政権をとり、非武装政策を実施して社会主義革命を誘発しかねないということを、岸内閣もアメリカ側も危惧していたと思われる。自衛隊すら違憲だというのが憲法学界の多数説で、合憲だという政府の解釈はまやかしだと多くの人が思っているのだから、政府解釈では海外派兵は違憲とはならないと説明しても、かえって火に油を注ぐことになっただろう。

海外派兵は違憲だという、政府解釈の延長上の憲法解釈としては成り立たない主張は世論に訴える力が非常に大きいが、政府が自ら海外派兵は違憲だと宣言すれば、それを含まない新安保条約の批准に対する抵抗も和らぐという判断から、岸は法的根拠を示すことなく、政治的な理由で集団的自衛権の典型である海外派兵は違憲だと言ったのであろう。海外派兵は違憲だという政府見解について国会での追及は全くなかったようである。

そのような追求をし得る勢力は、当時の国会のなかでは無視し得る少数派だったのだろう。もしも海外派兵は合憲だが敗戦国としては時期尚早なので新安保条約には盛りこまなかった、国際社会における日本に対する評価が高まれば、将来はあり得る、などと言えば、安保反対運動は勢いを増し、次の総選挙で社会党を中心とする新政権が成立していた可能性が高い。

このように、海外派兵違憲論は、新安保条約批准を巡って、法解釈による裏付けもなく一〇〇％政治的な理由によって持ち出されたものであるが、違憲論がなければ、たとえば、ベトナム戦争の際、本来日本領である沖縄の米軍が手薄になるので、沖縄にも自衛隊基地を置くといったことは、ただちに検討されたのではなかろうか？　それと引き換えに、ベトナムの戦局が落ち着けば沖縄を返還するなどとアメリカは交換条件として持ちかけたのではなかろうか？

4　「戦力」の定義から集団的自衛権違憲判断を導いた一九七二年参議院決算委員会提出資料

集団的自衛権違憲論は海外派兵の要請を退けるという安保ただ乗りと密接に関連しているので、その根拠として、政府はそれを第九条第二項の戦力不保持と結びつけて解釈するようになっていった。そこで、「戦力」を巡る政府解釈の変遷をみてみよう。憲法の文言において明確に集団的自衛権を違憲とするような内容は見出し得ない以上、「戦力」の規定からそれを導き出す以外に違憲とする余地はないと思われ、政府が「戦力」として何を意味しているのかが政府解釈における集団的自衛権違憲論の妥当性を検証する際の鍵となるはずである。

一九五〇年に政府は、第九条第二項が禁じる「戦力」は「近代戦遂行能力」であり、同年設置の警察予備隊は戦力ではないとした。

一九五四年一二月二一日の衆議院予算委員会で林修三法制局長官は、「自衛のための必要な限度の実力（自衛力）」は

「戦力」ではないとし、翌日の同委員会で大村清一防衛庁長官は、傍線部を「必要相当の範囲」とした。さらに、一九五五年六月一六日の衆議院内閣委員会における、法制局作成の鳩山一郎答弁用メモを読み上げたと思われる江崎真澄の発言では、傍線部が「必要最小限度」となっていた(12)。

以降、「自衛のための必要最小限度の実力（自衛力）」は「戦力」ではないという戦力の定義が今日に至るまで政府解釈では維持されてきたが、それと、集団的自衛権は違憲であるとする議論とは、一九七二年までは、全く無関係であった。両者を関連づけたのは、一九七二年一〇月一四日、参議院決算委員会提出資料である。

国際法上、国家は、いわゆる集団的自衛権、すなわち、自国と密接な関係にある外国に対する武力攻撃を、自国が直接攻撃されていないにかかわらず、実力をもって阻止することが正当化されるという地位を有しているものとされており、……

（中略）

……平和主義をその基本原則とする憲法が、右にいう自衛のための措置を無制限に認めているとは解されないのであって、それは、あくまで外国の武力攻撃によって国民の生命、自由及び幸福追求の権利が根底からくつがえされるという急迫、不正の事態に対処し、国民のこれらの権利を守るための止むを得ない措置としてはじめて容認されるものであるから、その措置は、右の事態を排除するためとられるべき必要最少限度の範囲にとどまるべきものである。そうだとすれば、わが憲法の下で武力行使を行うことが許されるのは、わが国に対する急迫、不正の侵害に対処する場合に限られるのであって、したがって、他国に加えられた武力攻撃を阻止することをその内容とするいわゆる集団的自衛権の行使は、憲法上許されないといわざるを得ない(13)。

最初の三行は集団的自衛権の定義であるが、「自国が直接攻撃されていないにかかわらず、」は「自国が直接攻撃されているのと否とにかかわらず、」とするか、単に削除しなければなるまい(14)。元のままだと、自国に対する直接の武力攻撃があれば、外国のために実力を行使することは集団的自衛権ではなく国際法上不法な武力行使だということになる。たとえば、ソ連が北海道とアラスカを同時に武力攻撃すれば、アメリカは直接攻撃されたので集団的自衛権を使えず、在日米軍は日本を守れないことになる。

アメリカが直接攻撃されれば日本に援助する余裕がなくなるということはあり得るが、日本だけを攻撃する場合よりも日米両国を攻撃するほうが、ソ連がそう決断できるほど強力だということなので、日米にとってより危機的な事態なのに、集団的自衛権では一国のみに対する攻撃には集団的に対処できるが、両国に対する攻撃には集団的に対処できないというのは、明らかに不合理である。

このような不合理を引き起こす表現があるのは、日本領内の米軍が攻撃された場合には日本が直接攻撃されたことになるとして日米共同でそれに反撃することを日本の個別的自衛権行使として説明するためであると思われる。したがって、日米安保条約を日本の個別的自衛権とアメリカの集団的自衛権の組み合わせとして説明する試みは破綻していることが、この不合理によって明らかになった。以下では、集団的自衛権のうち、日米安保条約に関わる部分は、最高裁によって合憲とされているので考慮対象から除き、その他に限定して違憲か合憲かを問うこととしよう。

この点の訂正を加えた上で次の段落を検討しよう。これらの文章においては、何が何の理由なのか必ずしも明瞭ではない。ⓐ「右の事態を排除するためとられるべき必要最少限度の範囲にとどまるべき」だとすれば、武力行使はⓑ「わが国に対する急迫、不正の侵害に対処する場合に限られ」、したがって、ⓒ「いわゆる集団的自衛権の行使は、憲法上許されない」というなかで、ⓐのいう「右の事態」とは「外国の武力攻撃によって国民の生命、自由及び幸福追求の権利が根底からくつがえされるという急迫、不正の事態」のことであり、それはⓑの「わが国に対する急迫、不正の侵害」にほかならないので、ⓑよりもⓐの範囲は狭いとするのが、素直な解釈であろう。

次に問題となるのは、ⓑよりも狭いⓐは個別的自衛権の行使に限定されるので、ⓒだが、ⓑは必ずしも集団的自衛権の行使を排除しないのか、あるいはⓑだけで集団的自衛権が排除されるのか、いずれなのか不明瞭だということである。

前者だとすれば、必ずしも集団的自衛権を排除しないⓑのなかでⓐを満たすものは、ⓒも満たすということになる。つまり、ⓑを前提とすれば、ⓒ個別的自衛権の行使であることはⓐ必要最少限度の必要条件であるということになる。後者だとすれば、集団的自衛権を排除するためにはⓑだけで十分で、ⓐは必要ないということになる。それだけでなく、ⓐとⓑが両立しない、すなわち、必要最少限度の自衛力で済ますためには、集団的自衛権の行使を容認しなければならないという可能性がある。政府解釈においては憲法の文言から導かれるのはⓐであり、ⓑはそうではないので、ⓐとⓑが両立しない場合には集団的自衛権全面禁止はⓐに反し、憲法に反するということになる。したがって、ⓐとⓑが両立しない場合にはⓒは成り立たず、文章の趣旨と反することになる。いずれにせよ、ⓑだけで集団的自衛権が排除されると解することは、文章の理解として成立しないことになるだろう。

したがって、ⓑは集団的自衛権行使を排除しておらず、さらにⓐを満たすものは個別的自衛権の行使に限られるという風に解釈しなければならない。ⓑの制約のもとでのⓐの必要条件がⓒであるということを、政府が言わんとしていることは、上記文書が出来上がるまでの添削過程をそのまま残している次の手書き文書によって、確定できる。

提出資料の手書き版（下図参照）をみると、ⓑの冒頭が「わが国~~の領土又は国民~~に対する急迫、不正の侵害」となっているように、当初案には存在した「の領土又は国民」が除かれている。これは、わが国に対する急迫、不正の侵害が日本領または日本国民に対する直接的侵害に限られたものではないということを意味させようとした、意図的な削除であろう。すなわち、日本の領土または国民に対する直接的侵害のほかにも、日本に対する侵害がありうるという認識が、この削除のもとにある。だとすれば、最後の文章のなかの「他国に加えられた武力攻撃」と、「わが国に対する急迫、不正の侵害」とは、排他的ではないということになる。

このことは、「わが国~~の領土又は国民~~に対する急迫、

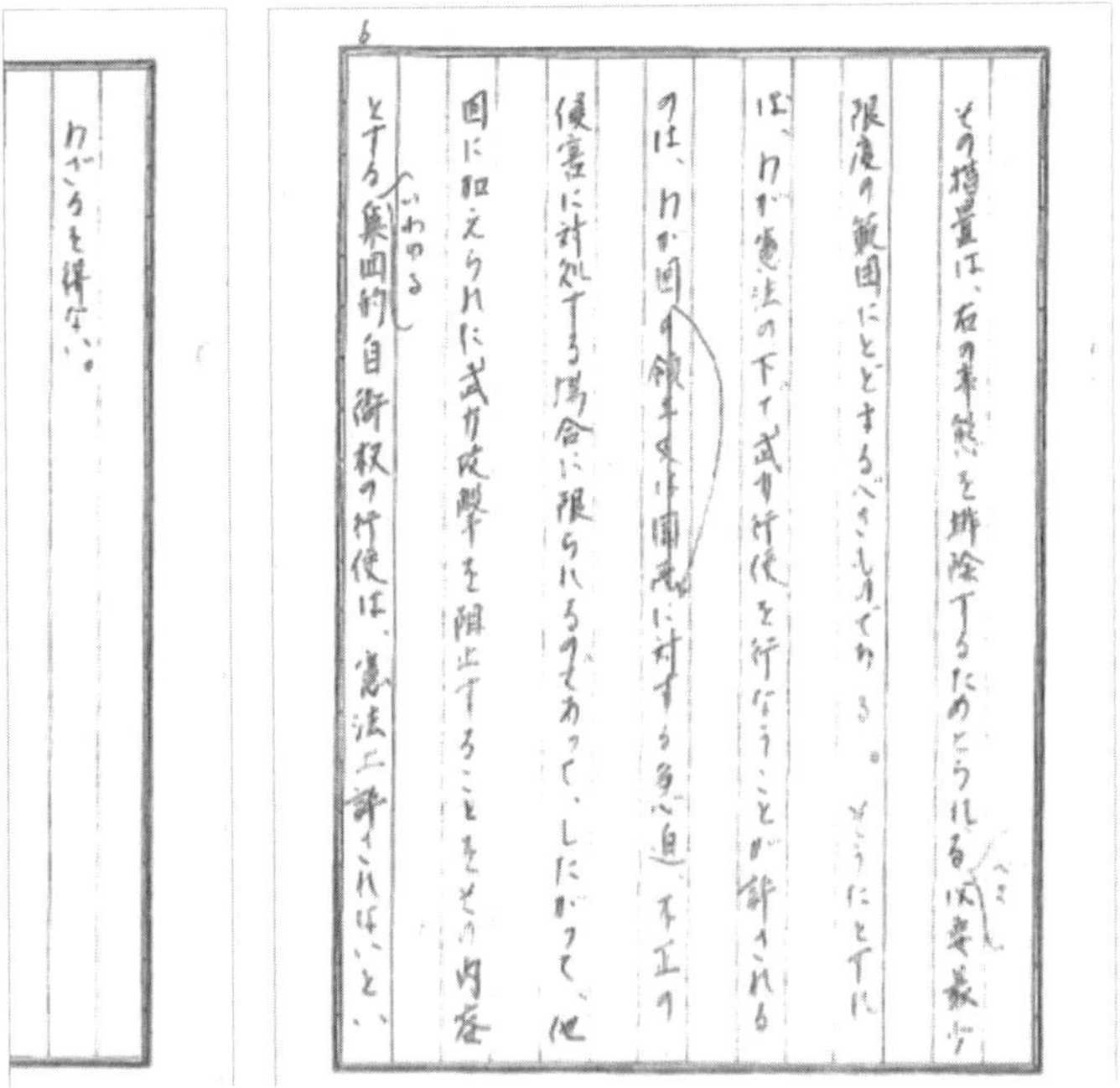

出所：内閣法制局資料［1972］

不正の侵害」と同じ内容を述べた「外国の武力攻撃によって国民の生命、自由及び幸福追求の権利が根底からくつがえされるという急迫、不正の事態」という文言において、武力攻撃が直接向けられた対象には言及せず、武力攻撃が間接的にでも国民の権利を根底からくつがえす事態を許容していることからも支持される。

注（13）で取り上げた七二年資料「自衛行動の範囲について」では、いわゆる自衛行動の三要件の①「わが国に対する急迫不正な侵害があること」について、「2　わが国に対し外部から武力攻撃がある場合、わが国の防衛に必要な限度において、わが国の領土、領海、領空においてばかりでなく、周辺の公海、公空において、これに対処する場合であつても、このことは、自衛権の限度をこえるものではなく、憲法の禁止するところとは考えられない。この場合、自衛行動のできる公海、公空の範囲は、外部からの武力攻撃の態様に応ずるものであり、一概にはいえないが、自衛権の行使に必要な限度内での公海、公空に及ぶことができるものと解している。（改行）3　いわゆる『海外派兵』については、……憲法上許されないものと解している」とある。

ここでも、海外派兵は明白に違憲だが、それ以外の自衛権の行使はそうではないとされており、さらに、単に自衛権とあって集団的か個別的かを明示的に区別しておらず、単に自衛権と言えば両者を共に含むという用法が確立しているので、海外派兵以外の集団的自衛権行使は合憲たりうるという岸の理解を踏襲していることになる。

つまり、集団的自衛権の行使は、「他国に加えられた武力攻撃」であってしかもⓑ「わが国の領土又は国民に対する急迫、不正の侵害」であるケースについては、論理的には憲法が許容し得るが、現実にはそれはⓐ必要最少限度という制約を超えるので許されない、ということになる。したがって、七二年の提出資料は、ⓑの制約のもとでのⓐの解の必要条件はⓒである、という理由で、集団的自衛権の行使を違憲としたということが確定できる。

のちには、ⓐの「最少」は「最小」とされることになるが、ここでは大小ではなく多少が問題となっていることにも注意すべきであろう。ⓐのいう範囲が自衛権行使が許される地理的な範囲のことであるとすれば、大小の「小」で表せても多少の「少」では表せない。

それに対して、ⓑの制約の下での最適解を求めよということならば、政府解釈における、戦力に及ばない範囲ということなので、兵員数、艦船数、航空機数など計数的な場合には多少の少で表すべきだが、防衛予算の規模の場合には小でも少でも表すことができる。費用最小化のように「小」を使うことも、少額投資非課税制度のように「少」を使うこともあるからだ。金額は厳密には最小単位があるので計数的だが、微積分を使って最適化問題を解く場合など、便宜的に連続量とみなされることもあるということだろう。七二年資料では「少」が使われていることも、制約条件つき最適化問題と解すべき根拠になる。

5　コスト最小化の必要条件として集団的自衛権違憲を正当化した一九八一年衆議院答弁書

この解釈が正しいことは、一九八一年五月二九日の、「衆議院稲葉誠一議員提出の質問主意書に対する答弁書」の次の文章によってはっきり確認できる。

国際法上、国家は、集団的自衛権、すなわち、自国と密接な関係にある外国に対する武力攻撃を、自国が直接攻撃されていないにもかかわらず、実力をもつて阻止する権利を有しているものとされている。

我が国が、国際法上、このような集団的自衛権を有していることは、主権国家である以上、当然であるが、憲法第九条の下において許容されている自衛権の行使は、我が国を防衛するため必要最小限度の範囲にとどまるべきものであると解しており、集団的自衛権を行使することは、その範囲を超えるものであって、憲法上許されないと考えている。

なお、我が国は、自衛権の行使に当たっては我が国を防衛するため必要最小限度の実力を行使することを旨としているのであるから、集団的自衛権の行使が憲法上許されないことによって不利益が生じるというようなものではない。

(http://www.shugiin.go.jp/Internet/itdb_shitsumona.nsf/html/shitsumon/b094032.htm 二〇一五年八月三一日閲覧　取消線は平山)

ここでは、集団的自衛権は必要最小限度の範囲を超えているから、違憲であり、必要最小限度の自衛権行使はできるので、集団的自衛権を行使しないことによる不利益は生じないとされている。つまり、必要最小限度であるための必要条件として集団的自衛権不行使が位置づけられている。それは当時の安全保障環境を前提とした経験的判断であり、安全保障環境が変われば、集団的自衛権を行使しなければ必要最小限度を上回ってしまうため不利益が生じ、その場合には集団的自衛権を全面禁止するのが違憲だということも、暗黙のうちに意味している。

七二年資料では暗示されているにすぎなかった自衛のためのコスト最小化という経済学の最適化問題がこの答弁書ではじめて明示されている。一般に、最適化問題においては制約条件をつけると、制約条件のない場合よりも劣った最適解(セカンドベストの解)が得られるのであり、集団的自衛権禁止という制約条件によって不利益が生じるはずであるが、そういうことはなく、逆に、コスト最小化の必要条件として集団的自衛権禁止は働いているというのが、この答弁書の事実認識である。

経済学的にはセカンドベストの解が最適解であるということであり、そういうことは、両方の解がたまたま一致しないかぎりありえないが、現実においては、集団的自衛権は違憲だと言ったほうがそう言わずに対米交渉するより、交渉コストなしにただ乗りをアメリカに飲ませやすいという時期があったことは確かだろう。それは、一九八〇年代なかばまでだと私は思う（平山［二〇一五a］、2章（4）〔本巻三章・2・㈣〕を参照）。

6　二〇〇四年衆議院予算委員会――七二年・八一年政府見解を誤解した秋山收内閣法制局長官答弁

政府解釈において集団的自衛権違憲は無条件に成立するものではないという点にかかわる質問と答弁が、二〇〇四年一月二六日の衆議院予算委員会で行われている。

○安倍晋三委員（自由民主党幹事長）：「わが国を防衛するため必要最小限度の範囲にとどまるべきものである」、こういうふうにありますが、「範囲にとどまるべき」というのは、これは数量的な概念を示しているわけでありまして、絶対にだめだ、こう言っているわけではないわけであります。とすると、論理的には、この範囲の中に入る集団的自衛権の行使というものが考えられるかどうか。

○秋山收内閣法制局長官：憲法九条のもとで許される自衛のための必要最小限度の実力の行使につきまして、いわゆる三要件を申しております。①我が国に対する武力攻撃が発生したこと、この場合に②これを排除するために他に適当な手段がないこと、それから、③実力行使の程度が必要限度にとどまるべきことというふうに申し上げているわけでございます。

お尋ねの集団的自衛権と申しますのは、先ほど述べましたように、我が国に対する武力攻撃が発生していないにもかかわらず外国のために実力を行使するものでありまして、ただいま申し上げました自衛権行使の第一要件、すなわち、我が国に対する武力攻撃が発生したことを満たしていないものでございます。

したがいまして、従来、集団的自衛権について、自衛のための必要最小限度の範囲を超えるものという説明をしている局面がございますが、それはこの第一要件を満たしていないという趣旨で申し上げているものでございまして、お尋ねのような意味で、数量的な概念として申し上げているものではございません。

（武力行使の三要件を示す①②③の付番、および、取消線は、平山）

秋山によれば、七二年と八一年の政府見解にある「必要最少（小）限度の範囲」とは「個別的自衛権の適用できる範囲」である。つまり、秋山によれば、ⓐとは実は、直接攻撃に対処するという意味でのⓑのことであるということになる。

しかし、七二年資料において、自衛の措置が容認されるのは、①「外国の武力攻撃によって国民の生命、自由及び幸福追求の権利が根底からくつがえされるという急迫、不正の事態に対処」するために、②「国民のこれらの権利を守るための止むを得ない措置」であり、③＝ⓐ「右の事態を排除するためとられるべき必要最少限度の範囲にとどまるべき」だという風に三要件が述べられていると解するしかなく、ⓐは③ではなく①＝ⓑのことであるという秋山の解釈が成り立つ余地はない。

仮に秋山のように解した場合のさらなる問題点としては、ⓑと要件③とが両立しない場合憲法の文言からは導かれていないⓑは排除されるということがある。したがって、ⓐ「必要最少（小）限度の範囲」は三要件の③と解するほかないと思われる。以下で、若干の補足を加えよう。

七二年では「少」が使われていることは、安倍質問の通り「必要最小（少）」が「個別的自衛権の適用できる範囲」ではなく数量的概念であることを意味しており、安倍は従来の政府見解の正しい理解に立脚していることがここからも窺える。

秋山答弁のなかの第一要件「我が国に対する武力攻撃が発生したこと」は我が国に対する直接の武力攻撃だと秋山は見ていると思われるが、さきに防衛庁の七二年資料「自衛行動の範囲について」に即して検討したように、第一要件は外国による武力攻撃が我が国以外の国に対する直接攻撃であるが我が国に対しては間接攻撃である場合を排除していないことからも、第一要件は間接攻撃を含んでいることは明白であろう。

さらに、秋山は武力行使の三要件を誤解していることも指摘できる。秋山答弁中、集団的自衛権を説明して「我が国に対する武力攻撃が発生していないにもかかわらず外国のために実力を行使する」としているが、七二年の定義では「自国と密接な関係にある外国に対する武力攻撃を、自国が直接攻撃されていないにかかわらず、実力をもって阻止することが正当化されるという地位」、八二年の定義では「自国と密接な関係にある外国に対する武力攻撃を、自国が直接攻撃されていないにもかかわらず、実力をもつて阻止する」とあり、いずれにおいても直接攻撃と述べられている。秋山は「直接」を省き、単に「攻撃」としているのである。「直接」を省いても集団的自衛権を定義しようという文脈であるから「直接攻撃」を意味することは明らかである。

そして、集団的自衛権の説明ないし定義で使った「我が国に対する武力攻撃が発生」という語句をそのまま、武力行使の三要件①で使うことで、三要件①は本来、我が国に対する直接または間接の武力攻撃が発生したことを意味していたのに、直接攻撃の発生だとし、この誤解された①によって、集団的自衛権の行使は①を満たさないので三要件違反だと、秋山は結論を下した。

しかし、誤解された①は秋山の意図としては個別的自衛権の行使だけが許されるということであり、そこから集団的自衛権の行使は許されないということが演繹されるので、秋山が言わんとしていることは要するに、個別的自衛権の行使だけが許されるので集団的自衛権の行使は許されないということである。これは全くのトートロジーであって、論理学でいう論点先取の虚偽にあたる。

そのようなことが、法律のしろうとにすぎない安倍の説を否定するという形で、内閣法制局長官という、法律のプロのなかでも非常に地位と見識の高い人の権威のもとでなされたため、実際には憲法とは全く無関係のことが、あたかも憲法から導かれたことであるかのように受け取られることになったと思われる。

この種の、論点先取的なトートロジーによって集団的自衛権を違憲にしようという発想は、日米安保を個別的自衛権で説明した林にも窺え、七二年資料においてⓑだけで集団的自衛権を排除できるとする不適切な解釈においてもあらわれているように、秋山のこのときの答弁で何の前触れもなくいきなり表れたものではない。

それは憲法の文言から集団的自衛権排除を導くことに失敗し、それを憲法でないのにあたかも憲法であるかのようにみせかけることになるので、必要最少限度を超える自衛力は憲法の禁じる戦力であるという政府解釈を使って集団的自衛権排除を導くようにするというのが、七二年以降の政府の公式的な立場なのだが、法制局の歴代長官には、そのような解釈を不満とし、独断的なトートロジーに代えたいという悲願のようなものが伝承され、秋山の答弁によってそれが現実のものとなったのではないかとも思われる。

憲法ではないものを、内閣法制局長官の権威のもとで憲法であると宣言したいというのは、彼らのような立場にある人が陥りがちな権力欲の発露であり、そのようなことがないような制度的仕組み、たとえば、軍隊に対するシビリアン・コントロールのようなものが、内閣法制局トップの人事には必要なのではなかろうか。

さらに、三要件に関する秋山説には致命的な欠陥がある。秋山のように三要件を解釈すれば、我が国に対する直接武力攻撃が発生したという要件①を満たしていない場合には集団的自衛権を行使できないということになるが、それならば、日本とアメリカに対する直接的武力行使が同時に発生した場合、要件①を満たし、他の二要件を満たせばアメリカ領に援軍を派遣できるということになる。

したがって、秋山のいう要件①からは、秋山の意図に反して、集団的自衛権行使を全て違憲とすることはできないのである。秋山のように①の武力攻撃を直接武力攻撃と解釈しても、日本が直接武力攻撃を受けた場合に集団的自衛権の行使を違憲とするためには、それが要件②または③を満たさないということに頼らざるを得ないのである。

以上のように、秋山は、三要件の①で、従来とは異なって武力攻撃を直接武力攻撃に限定し、それによって集団的自衛権の行使は許されないと論じたが、日米が同時に直接武力攻撃を受けた場合を見落としていたため、その試みは不成功だったことになる。しかし、ほとんどすべての人が、秋山の失敗を見逃した。

そして、このときの安倍vs秋山論争は、明らかに安倍の勝ちなのに、安倍自身がそう受け取ったかどうか、定かではない。いずれにせよ、秋山がこのとき述べたことが従来からの政府見解を確認したものであるという誤解が、その後広まっていった（たとえば、「衆議院議員島聡君提出政府の憲法解釈変更に関する質問に対する答弁書」二〇〇四年六月一八日、http://www.shugiin.go.jp/internet/itdb_shitsumon_pdf_t.nsf/html/shitsumon/pdfT/b159114.pdf/$File/b159114.pdf 二〇一五年九月一日閲覧）。

すでに述べたように、安倍と秋山の以上のようなやりとりの前年から、集団的自衛権行使は違憲ではないと公言していた岡田克也は、その翌年にも同様の立場から集団的自衛権行使のための法整備の必要性を説き、野田佳彦も民主党政権成立が実現する直前に出版した著書のなかで同様の見解を示しており、民主党政権は、二〇〇四年秋山答弁を論理的に批判して撤回させるという正道をとらず、内閣法制局から憲法解釈権を奪うという形で、ラディカルな政府解釈変更による集団的自衛権合憲化をめざした。

しかし、民主党には集団的自衛権について党内で合意がなく、旧社会党系の人々の多くはその合憲化に消極的であるという弱点をかかえていたので、それはうまく行かなかった。

ここから先は、関係者への聞き取りなどをしても、生々しすぎて正直な回答を得ることなど、当分の間期待できないので、私なりの仮説を示すことしかできないが、法制局の上層部やそのＯＢたちは、民主党のなかでも従来護憲派と呼ばれてきた人たちとの結びつきを強め、岡田、野田、前原誠一といった、集団的自衛権合憲化に積極的な人々に対抗したのではなかろうか。政府解釈変更は立憲主義に反し、許されないといった類の、安倍内閣批判の論点は、民主党政権下の暗闘のなかで出尽くしていたのではなかろうか。

野田政権のあとをうけた安倍政権は、彼らよりも巧妙な策を使ったため、内閣法制局を集団的自衛権限定容認のための作業に参加させることに成功したのではないかと思われる。秋山の二〇〇四年答弁が従来の政府見解から逸脱し、支離滅裂なものであることに気付いている人が、内閣法制局の外部にいたとすれば、それを正す必要があり、言うことをきかなければ秋山の誤謬を公言すると脅して、協力をとりつけることができたはずだ。

たとえば、駐フランス大使の小松太郎本人が秋山の誤謬を見極めていたとすれば、内閣法制局の大失態を公にはしないという交換条件とともに、その長官として集団的自衛権限定容認のための作業でリーダーシップを発揮するといったことが可能だったのではないかと私は思う。こう考えれば、私の知る限りでの諸事実を最もうまく説明できるので、現段階における仮説として、ここに記しておきたい。

そうだとすると、秋山の失態を表沙汰にせず、法制局の権威を守るために、安倍政権と妥協した内閣法制局は、集団的自衛権限定容認を進めることになったのだが、秋山を守るためには、秋山が従来の政府解釈を誤解していたと明言することはできず、秋山説があたかも従来の政府解釈そのものであるかのように装うという、すぐにでも小松以外の誰かにも見破られてしまいそうな、危ない橋を渡ることになったと思われる。

7　世の中を覆い尽くすマスコミの誤報

しかし、政府の失態を熱心に追求するマスコミには、秋山の二〇〇四年答弁の過誤を見抜くような目利きがおらず、逆に、マスコミはこぞってそれを覆い隠し、誤った情報を広めることになった。日本報道検証機構GoHooは、マスコミの報道を検証することをミッションとしているが、以下のようにその片棒を担いだ。

《注意報1》2013/12/3 18:00

時事通信は一二月一日付で、政府が集団的自衛権の憲法解釈変更の試案をまとめたと報じました。その中で、政府が集団的自衛権について、自衛権発動の三つの要件のうち「必要最小限度」の要件を満たさないため行使が認められないとの憲法解釈をとっているかのように説明しました。しかし、この説明は誤りで、政府は、三要件のうち「わが国に対する急迫不正の侵害がある」という要件を満たさないため集団的自衛権行使が認められないとの見解を示しています。他方、時事通信に先駆けて報じた読売新聞の記事は、正確に報道しています。

政府は、憲法九条の下で認められる自衛権の行使、いわゆる自衛権発動について、⑴わが国に対する急迫不正の侵害があったこと、すなわち武力攻撃が発生したこと、⑵これを排除するために他の適当な手段がないこと、⑶必要最小限度の実力行使にとどめることとの三要件を満たす場合に限られるとの立場をとっています【資料1】。このうち⑴⑵は自衛権の発動が許容されるための前提条件、⑶は自衛権が発動された場合の武力行使の要件と説明されています。*

時事通信は、自衛権発動三要件の政府見解を説明した上で、集団的自衛権はこのうち(3)の「必要最小限度」を超えるとして「国際法上の権利として保有しているが、行使は認められない」との憲法解釈を維持していると報道しましたが、正確ではありません。政府は、集団的自衛権について「自国と密接な関係にある外国に対する武力攻撃を、自国が直接攻撃されていないにもかかわらず、実力を持って阻止する権利」と定義【資料2】。その上で「自衛権行使の第一要件、すなわち、我が国に対する武力攻撃が発生したことを満たしていない」ことを理由に、集団的自衛権行使は憲法上認められないとの見解を示しています【資料3】【資料4】。**

【資料1】昭和四八年九月二三日参議院本会議（内閣総理大臣田中角栄）
【資料2】平成一六年六月一八日衆議院　政府答弁書（内閣総理大臣小泉純一郎）
【資料3】昭和四七年一〇月一四日　参議院決算委員会提出資料「集団的自衛権と憲法との関係」***
【資料4】平成一六年一月二六日衆議院予算委員会（秋山收内閣法制局長官）

* 阪田雅裕編著「政府の憲法解釈」有斐閣、二〇一三年一〇月、三一ページ。
** 自衛権発動三要件のうち(3)は行使した場合の限界の要件で、集団的自衛権の行使の前提要件で問題となるのは(1)(2)の要件であるから、時事通信の説明は論理的にも誤りがある。
*** 前掲「政府の憲法解釈」五五ページ。
(http://archive.gohoo.org/alerts/131203/#s3 二〇一五年九月一日閲覧　資料については引用文省略)

と報じたが、これは秋山の錯誤を真実と取り違えており、誤報の指摘が誤報なのである。さらに、誤報を指摘された時事通信のページ（既に削除済み）の画面コピーが上記Gohooサイトに掲載されているのでそれをみると（下図参照）、正確な理解に最も近い時事通信の記事でさえ、タイトルで「憲法解釈変更案」と銘打っている。

このような、マスコミの眼力不足による誤報の広まりは、民主党政権下においておそらく成立していた、内閣法制局上層部と集団的自衛権合憲化に消極的な民主党政治家との連帯にとって、歓迎すべきことであったと思われる。世代交代で内閣法制局OBとなった秋山らはマスコミなどに登場して、政権が長官人事の内部昇進慣行を破って、立憲主義をないがしろにする強引な政府解釈変更をめざしていると批判し、多くの野党や護憲派を自認する憲法学者たちや市民たちはそれに乗って反対運動を組織するようになったと思われる。

このような事態は、政権と内閣法制局との間でおそらくwin-winの取引が成立した段階では彼らの想定外だったと思われるが、集団的自衛権限定容認をめざして進む彼らの行く手に立ち

アクセスランキング　g+1 9　おすすめ 15　0　ツイート 22　小 中 大

集団自衛権「最小限の範囲内」＝政府が憲法解釈変更案

政府が、集団的自衛権の行使を可能にする憲法解釈変更の試案をまとめたことが1日、分かった。集団的自衛権について、憲法9条で認められた「必要最小限度」の自衛権行使の範囲に含まれるとの見解を打ち出したのが柱。安倍晋三首相が設置した有識者会議「安全保障の法的基盤の再構築に関する懇談会」での議論のたたき台として、首相官邸側が作成、提出した。

現在、政府は自衛権発動の要件として、(1)わが国に対する急迫不正の侵害がある(2)他に適当な手段がない(3)必要最小限度の実力行使にとどめる－の三つを挙げ、厳しく制約している。集団的自衛権については、この「必要最小限度」を超えるとして、「国際法上の権利として保有しているが、行使は認められない」との憲法解釈を維持している。

これに対し、試案では、集団的自衛権は必要最小限度の行使が認められた自衛権に含まれることを明確化。さらに、同盟国である米国など「わが国と密接な関係にある国」への武力攻撃についても日本が自衛権を行使できると、発動の要件を緩和している。憲法解釈の見直しを限定的なものとすることで、行使容認に慎重な公明党や、内閣法制局の理解を得る狙いがあるとみられる。

首相は、集団的自衛権の行使容認に向けた憲法解釈変更に強い意欲を示している。ただ、公明党に配慮して、政府は解釈変更を来年春の2014年度予算成立以降に先送りする方向だ。

(2013/12/01-20:26)

塞がる大きな障害となった。

したがって、集団的自衛権限定容認に向けた政府は、一方では秋山の名誉や内閣法制局の権威を尊重しつつ、あたかもそれが政府解釈変更であるかのように装いながら、内実としては秋山の誤りを正して本来の政府解釈に立ち帰りつつ安全保障環境の変化によって集団的自衛権の限定容認を正当化し、さらに、不当な政府解釈変更だとする、マスコミが流布した批判にも対処しなければならないという、矛盾に満ちて、明らかに両立不可能な課題を負うことになったと思われる。このことを次節で確認しよう。

8　二〇一四年七月一日の閣議決定は七二年と八一年の政府見解の確認にすぎない

まず、一九七二年、一九八一年の政府解釈の、誤りを是正した真の内容と、それに基づいて明らかになった、二〇〇四年の秋山答弁の問題点とをふまえて、安倍内閣の二〇一四年七月一日閣議決定のうち、以上の検討と関連深い部分を取り上げて、みてみよう。

……現在の安全保障環境に照らして慎重に検討した結果、①我が国に対する武力攻撃が発生した場合のみならず、我が国と密接な関係にある他国に対する武力攻撃が発生し、これにより我が国の存立が脅かされ、国民の生命、自由及び幸福追求の権利が根底から覆される明白な危険がある場合において、②これを排除し、我が国の存立を全うし、国民を守るために他に適当な手段がないときに、③必要最小限度の実力を行使することは、従来の政府見解の基本的な論理に基づく自衛のための措置として、憲法上許容されると考えるべきであると判断するに至った。

（「臨時閣議及び閣僚懇談会議事録」平成二六年七月一日 http://www.kantei.go.jp/jp/kakugi/2014/_icsFiles/afieldfile/2014/07/22/260701rinjigijiroku.pdf 傍線、波線および、武力行使の新三要件であることを示す①②③の付番は平山）

この閣議決定のなかの、傍線部分は、七二年資料の「わが国~~の領土又は国民~~に対する急迫不正の侵害」において、「~~の領土又は国民~~」が削除された際に暗黙のうちに含意されていた内容を明示的に補ったものであることがわかる。この部分は、存立危機事態と呼ばれ、内容が曖昧だとの批判が多いが、従来は暗示されていたにすぎなかったことを、一般的な表現のもとで明示することによって、曖昧さは若干でも縮減されたと言うべきである。

以上のように、正しく解釈された旧三要件と新三要件は、集団的自衛権の行使条件として全く同一のものであるが、集団的自衛権の全面非行使と行使容認のいずれがコスト高であるかのそれぞれの場合に応じて理解しやすいように、表現を変えたにすぎない。とりわけ、新三要件のほうが、許容される集団的自衛権の内容を明示し、秋山のような誤解の余地を消したという点で、旧三要件と比べてより正確なものになっていると評価しなければならない。まだまだ曖昧さが残っているという批判は可能だが、現在の安全保障環境のもとでは、集団的自衛権全面禁止が違憲となるのであるから、何らかの指針を政府は早急に示さなければならなかったという事情を考慮すれば、曖昧さが残っているから立法すべきではないという立場こそが、憲法違反ということになる。

二〇一四年七月一日の閣議決定文のなかには、「集団的自衛権」という語句が全く登場しないことは、それが個別的自衛権の及ぶ範囲を拡張したにすぎないからだと、公明党支持者の一部は論じた[15]が、公明党はそうではなく集団的自衛権の限定容認だと公に明言しているので、別の理由があるだろう。

おそらく、閣議決定に至る過程で、具体例をあれこれ挙げて検討しているうちに、日米が同時に直接攻撃を受けるケースを従来の定義はカバーしていないという問題を誰かが指摘したが、それを修正した新たな定義を示せば、政府解釈変更だという反対運動の火に油を注ぐことにとなりはしないかと恐れて、当面この問題を避けて通ることにしたのではなかろうか？　しかし、筋の通った説明と定義修正をしていれば、秋山答弁の誤謬も明瞭となり、これほど安保法案審議が紛糾することもなかったのではなかろうか？

しかし、このように、状況次第で何が違憲かがくるくると変わりえる[16]とすれば、憲法違反か否かということが立法において果たして本質的に重要なのだろうか？　「戦力」に関する政府解釈をもとにして違憲かどうかを考えると、このような疑問を抱かざるを得ないと思われる。

集団的自衛権の行使と不行使のコストの比較という視点から、具体的な訴訟が起こってもいないのに、合憲違憲判断を、ことあるごとに下さなければならないというのも、大袈裟すぎて滑稽に思えてくる。第九条を巡る憲法解釈を主戦場として安全保障政策上の立法論争が戦われるため、合憲か違憲かの判断に日本人は過大な意味を見出そうとするようになってしまったように思われる。この弊害を是正する道を考えなければなるまい。

9　違憲の疑いがある立法は避けるべきか？

以上、私は、二〇一四年閣議決定は政府解釈変更ではないことを長々と論証してきた。しかし、私自身は、政府解釈変更が悪いことだと思ってそうしたわけではなく、単に真実を淡々と示してきただけのことである。私としては、憲法の文言と立法との整合性が重要で、政府が是が非でも必要だと判断した立法が従来の政府解釈によれば違憲である場合、政府解釈を変更しなければならない、という発想そのものに疑問を感じる。

木村は、内閣法制局とは内閣のいわば顧問弁護士であり、その見解に従うことによって、後に裁判所に違法・違憲と言われる可能性が少なくなる点に、内閣法制局の意義があるとし（木村［二〇一五］）、内部昇進を破って、法律のしろうとを法制局長官に起用し、違憲の疑いのある立法をしようとしていると、安倍政権を批判している。しかしこれは、違憲立法審査手続きやその趣旨と明らかに反する。

国内外の判例、とくに最高裁の薬事法薬局距離制限規定違憲審査の過程や判決によって、立法事実（立法の必要性を裏付ける事実）の裏付けがあれば文理的には憲法の特定の条項と両立し難い法でも違憲とはされないということが確立しているので、確かな立法事実に基づく立法を行えば、文理解釈として憲法違反であるということは、全く問題にならないのである。

法制局の役割は、立法に関連する諸事実に基づく、その分野の専門家（安全保障については、国際政治学、安全保障論、法と経済学、ゲーム理論など）の見解から学んで立法事実を理解し、立法趣旨を最も効率的に実現しうるような法文を、憲法の文言との整合性にとらわれすぎることなく、立案することである。

違憲立法審査における立法事実の優位ということは、第九条を金科玉条のようにしてきたいわゆる護憲派にとって認めがたいことかもしれないが、日本において立法事実の重要性を強調し、先の最高裁判決を導いたのは、護憲派の家元とみなされがちな芦部信喜であり(17)、彼が憲法解釈にとらわれて憲法違反の立法は許されないと叫んでいる今日の大多数の憲法学者たちの姿を見たら、どう思うだろうか？

政府解釈によれば、結局、集団的自衛権を政府の憲法解釈として全面禁止することによってそうでない場合よりも自衛のためのコストが下がるのならば、集団的自衛権は違憲、集団的自衛権全面禁止という制約をとったほうが安上がりでありえるならば、集団的自衛権全面禁止は違憲ということなのであり、どちらが立法事実であるかで合憲・違憲の判断が逆転する。

したがって、安保法案が合憲か違憲かは、政府解釈を前提とすれば、一〇〇％立法事実の問題になるし、政府解釈をとらない人にとっても、違憲立法審査を考慮すれば、自分たちの解釈にとって合憲か違憲かは全く問題にならないはずであり、いずれにせよ、立法事実の存否に問題は絞られる。

おわりに――自衛権は自然消滅すべきもの

「自国と密接な関係にある外国に対する武力攻撃を、自国が直接攻撃されていないにかかわらず、実力をもって阻止することが正当化されるという地位」という、削除すべき誤った語句を含む集団的自衛権の定義が、政府によって長らく維持され、それに対していかなる立場の日本人からも誤りの指摘がなされてこなかったことは、日本人の知的レベルが第九条に関することとなると極端に低下することを示しているように思われる。

「自国が直接攻撃されていないにかかわらず、」の部分は、日本人の誰もが集団的自衛権について抱いてきたイメージに合致し、そのイメージを強固に定着させる役割を果たしていたから、知的批判の対象にならなかったとしか、説明のしようがなかろう。そのイメージによって、集団的自衛権の容認を憲法違反だとする論陣が大きな支持を獲得したことも説明できるはずだ。

この語句は日米安保条約を日本の個別的自衛権によって説明するために導入されたが不合理を引き起こすため削除されなければならず、日米安保条約は日本による集団的自衛権の行使として最高裁が合憲と判断したとみるしかないのである。

すでに見たように、下田が海外派兵を交戦権放棄条項のため実際には起こらないだろうとしたのを、それは憲法違反だと、どちらかといえば右寄りとされる岸首相が取り違え、その誤りを誰も指摘しなかったことと、集団的自衛権の誤った定義が維持されてきたことは、同じ盾の両面だと思われる。海外派兵と言えば、まず思い浮かぶのが、一九三七年の第二次上海事変への対応として編成された支那派遣軍であろう。第二次大戦の敗因となった南進への第一歩であり、個別的自衛権の濫用による侵略であると戦後の多くの日本人は解釈してきた。

合理的に考えれば、過去を反省すれば個別的自衛権の濫用を防ぐことこそが課題となる。しかし、個別的自衛権は自衛隊を正当化するものとして、濫用による侵略という過去と切り離してとらえようとする思考が政府与党には強くはたらき、他方で海外派兵が集団的自衛権行使の典型であるため、海外派兵による侵略という負のイメージはもっぱら集団的自衛権と結びつくようになっていったのだと思われる。

自国が直接攻撃されたことに対応するのが個別的自衛権なので、そうでない場合、すなわち自国が直接攻撃されていない場合の自衛権が集団的自衛権で、個別的自衛権以上に濫用による侵略を引き起こす恐れが高いという理解のもとで、七二年の定義が生まれたように思われる。この誤った定義は、個別的自衛権の濫用としての海外派兵・侵略という過去の忌まわしいイメージと集団的自衛権の行使とを、エモーショナルに短絡・同一視したものでもあろう。

冷戦中、米ソ両国は集団的自衛権を最大限利用して鎬を削った。日本は米ソの勢力争いの現場から距離を置くという国民的合意が、左から右まで幅広い範囲で形成されたと思われる(18)。これは、戦後日本が大陸から完全撤退し、島国に徹するという地政学的条件によって保障されていた。

この国民的合意の延長上に、戦後日本は平和憲法を守ることで平和を維持してきたという、最近よく耳にする、自衛隊による個別的自衛権行使は容認するような護憲論調が作られたと思われる。しかしこれは事実とほど遠い神話にすぎない。

冷戦とは、ナチスドイツが降伏しなかったためソ連と西側が欧州を分け合い、戦線が膠着して鉄のカーテンが出来た西部戦線の話であり、東部戦線においては日本が降伏して生じた権力の真空を巡って、第二次大戦後も戦乱や大量殺戮が絶えなかった。アメリカは当初、周恩来とのコネを利用して中国共産党をソ連から切り離して自陣営に取り込もうとしたが、それに失敗して中ソ同盟ができると朝鮮半島の力の均衡が崩れて朝鮮戦争が勃発した。

戦後の中国内戦、朝鮮戦争、大躍進、文化大革命、天安門事件、ベトナム戦争、ポルポト政権、北朝鮮政権の総犠牲者数は第二次大戦中の東部戦線のそれをはるかに上回るのであり、そんなアジア大戦の中で日本は西側の最大の拠点・兵站基地として、第二次大戦で淘汰されなかった全体主義との戦いに参加してきた。
共産主義という、ナチズムにも劣る史上最悪の全体主義体制(19)との戦いは、「平和を維持し、専制と隷従、圧迫と偏狭を地上から永遠に除去しようと努めてゐる国際社会において、名誉ある地位を占めたいと思ふ」という憲法前文の誓いを実践したものとして、戦後の日本人は誇りに思うべきであると私は思う。

変動相場制のもとでは日本のただ乗り戦略は西側全体としては大した問題ではなく、日本の経済力は八〇年代にソ連の財政危機などを引き金とするペレストロイカ政策を誘発し、ソ連の崩壊を帰結するのに大いに貢献した。日本のただ乗りは、円高ドル安の趨勢のかなりの要因となり、それは日本からアメリカへの財政貸付の実質利子のかなりの部分を占めており、アメリカが財政と経常収支の双子の赤字に苦しむようになった原因の一つであり、アメリカはもはや見て見ぬふりをし続けられなくなって、深刻な日米経済摩擦を引き起こした。
バブル崩壊以降の日本の経済的不調は、急激な少子高齢化とともに、安保ただ乗り問題が根本的にはまだ解決されていないことによると私は思う。EUに入っていない人口五千万人以上のただ二つの先進国である日米が、安全保障やアジア太平洋の経済統合のために協調してリーダーシップを発揮するような関係を形成することが、日本にとってもアジア太平洋圏全体にとっても唯一の現実的で望ましい解だと思う(20)。

自国が直接攻撃された場合には他国を援助するのは集団的自衛権ではないという従来の欠陥定義やそれを前提とした

三要件解釈は、放置できない。定義上集団的自衛権と個別的自衛権のいずれにも拠らない武力行使は不法であり、そうした場合を第一要件は排除していないということは、定義によれば不法とされるものを容認するということで、自己矛盾である。

集団的自衛権の定義も、秋山がそれを利用して改竄した三要件の第一も、明らかに不注意による単純ミスの産物であるから、是正しなければならない。

新三要件の第一は、自国に対する直接攻撃か、密接な関係にある他国への直接攻撃に伴う自国への間接攻撃という風に、第一要件を整理したものであると言うことができる。

この場合、自国に対する直接攻撃には個別的自衛権の行使、間接攻撃には集団的自衛権の行使という風に、すっきりと整理できる。日米が第三国から同時に攻撃された場合でもこれによって合理的に対処できる。

残された問題は、どういう基準で間接攻撃とみなすかということや、米ソロがよく使うような集団的自衛権の濫用をいかにチェックするかということだろう。政府与党でも人によって言うことが違うのは、それぞれの人が集団的自衛権行使の例を挙げているということのようであり、挙げられた例がすべて正当とされるのか、一部は正当とされないのか、法文からは判然としないという問題があることも確かなようであり、時の政権によって恣意的に解釈運用される恐れがあることも否定できないだろう。

そういう問題が未解決のまま残されているからといって、集団的自衛権を禁止しつづけることは、現在の安全保障環境のもとでは「必要最小限度」に悖る違憲状態だということが、政府解釈からも、立法事実の観点からも、主張できる。不完全なのを承知でとにかく立法し、試行錯誤のなかで改善してゆくしかほかに道はないと思われる。

そのためには、集団的自衛権容認は政府解釈変更だという誤解を正し、従来の政府解釈のもとでは集団的自衛権禁止が違憲とされるのだということを国民に周知させ、幅広い国民的合意のもとで集団的自衛権の行使とそれに対する監視を行う必要があろう。

他方、将来起こり得るあらゆるケースを想定し、それぞれについてどう対処するかをあらかじめ明示するような法を作ることは、不可能であり、そういう合理性の限界をふまえれば、時の政権にある程度の自由裁量の余地を初めから許しておいたほうがよいということも言える。成文法の不完全性・不完備性は世界の複雑性に対処する人間理性の不完全性に起因し、可能な範囲ではあらかじめ決められたルーティーンによって問題を処理し、限られた人間能力を困難な問題に絞って使用し、柔軟に対処するために、むしろ有益なのである(21)。

軍事にかかわることはとりわけそういう、ルーティーンにとらわれない柔軟さがないと致命的となりがちであり、柔軟さに伴うリスクを低くするために、最終的な軍事指揮権を軍隊組織から切り離し、軍隊はそのような政府の手段に徹するという文民統制が要請されるのである。

また、自衛権というと国家や国民にとって神聖不可侵な権利であるというイメージを喚起するが、国連憲章第五一条で定められているのは、あくまで、「安全保障理事会が国際の平和及び安全の維持に必要な措置をとるまでの間」という制約のついた暫定的なものにすぎないのであり、「この自衛権の行使に当って加盟国がとった措置は、直ちに安全保障理事会に報告しなければならない。また、この措置は、安全保障理事会が国際の平和及び安全の維持または回復のために必要と認める行動をいつでもとるこの憲章に基く権能及び責任に対しては、いかなる影響も及ぼすものではない」

とあるように、自衛権の行使は安全保障理事会のもとに従属している。

むしろ、安全保障理事会がスムーズに機能することを理想とし、その理想がただちには現実にならないときに、次善の策として個別的・集団的な自衛権の行使が認められているのであり、自衛の措置は集団安全保障がよりよく機能するような配慮を伴うべきことも、当然、含意されているため、報告の義務が課せられているのだ。無制約の権利として自衛権を主張することも、ましてそれを濫用することも、現在の国連憲章のもとでは、許されていないと思われる。

国連憲章における自衛の措置はそのように、理想との関係において理解されなければならない。そして、その理想においては、安全保障は世界的な警察力のごときものによってなされ、各国が自前の軍隊を持つことも、交戦することも、不要になる。日本の憲法第九条はそのような理想を実現するという文脈で構想され、全世界に向けて提案されたプログラム規定である。

日本が集団的自衛権を限定容認するにあたって、改めてその意義を世界に示し、安全保障の今後のあり方を導く理想の一部として高く掲げる必要がある。「国際平和団体が樹立された暁に於て、……自然権による交戦権と云ふものが自然消滅するべきものである」という、一九四六年七月四日の衆議院帝国憲法改正案委員会における吉田茂の答弁（帝国議会会議録検索システム http://teikokugikai-i.ndl.go.jp による）は、今日においてこそ、その意義が再評価されるべきものである。

政府解釈においては、自衛のための実力は必要最小限度でなければならない。集団安全保障が完成した段階においては、それを保持する必要もなくなるのであり、そのような理想状態において戦力を持たないことをプログラムとして規定したのが第九条第二項第一文である。このように考えれば、必要最小限度の自衛力は第九条第二項が禁ずる戦力ではないなどという、評判のよくない強弁をする必要もなくなる。

また、自衛力は必要最小限度でなければならないとは、資源配分最適化の必要条件としての自衛のためのコスト最小化という、経済学から導かれる普遍的な基準、すなわち自然法にかなった基準であり、日本だけが特殊な基準を憲法で定めているわけではないことになる。したがって、日本の憲法の独自性は、集団安全保障の完成を政策目標として明示的に掲げているという点にあると考えなければならない。

憲法を改正するならば、第九条第二項がプログラム規定であることを、平易な言葉で誤解の余地なく表現することが、第一に必要なことであろう。また、戦前の軍部独走と同じようなことが戦後の法制局・内閣法制局によって行われてきたということは、憲法の根幹を揺るがすことなので、文民条項のごときものを内閣法制局長官にも定める必要がある。安倍首相による内部昇進打破はその先鞭をなすと言えるが、他省庁の現役官僚も排除し、高度の専門的知識を要することもふまえて、法制局長官は任用の際現職の裁判官または弁護士でなければならない、といった条項を文民条項の次に新設することが望まれる。

［注］

（1） 浅井基文『集団的自衛権と日本国憲法』集英社新書、二〇〇二年、一八一頁を参照。

（2） たとえば、木村草太「安保法案のどこに問題があるのか」、長谷部恭男編『検証・安保法案――どこが憲法違反か』有斐閣、二〇一五年、二一～二頁。

（3）集団的自衛権は必ずしも違憲ではなく、その行使を可能とする法整備が必要だということは岡田が「与野党四幹事長 憲法座談会」『読売新聞』二〇〇三年五月三日一三面や「岡田克也・民主党代表、外交ビジョンを語る」『中央公論』二〇〇五年七月号、一二三頁で述べ、野田佳彦前首相も自著『民主の敵――政権交代に大義あり』新潮社、二〇〇九年、第四章一三三～六頁で述べていた。従来、第二次安倍政権の集団的自衛権に関する取り組みは消費税増税と同様、民主党政権から引き継いだものであり、民主党の安倍内閣批判はおかしいという漠然とした印象を私は持っていたが、上記のような証拠を私は、二〇一四年九月一四日の参議院我が国及び国際社会の平和安全法制に関する特別委員会における質疑で自民党の佐藤正久が取り上げた（議事録は未公開だが、会議の中継はhttp://www.webtv.sangiin.go.jp/webtv/index.phpで視聴できる）と報じた「民主党の岡田代表らも集団的自衛権を認めていた…ヒゲの隊長・佐藤正久氏の〝暴露〟に民主党猛反発」（http://www.sankei.com/politics/news/150915/plt1509150027-n1.html）によって知った。

（4）木村、二〇一五年、一四頁。

（5）平山朝治「日本国憲法の平和主義と、安全保障戦略」『国際日本研究』第七号、二〇一五a http://hdl.handle.net/2241/00124619。立法趣旨の憲法解釈における重要性を明確に指摘した上で、この論文の第一章を一般読者向けに要約したものに、平山朝治「歴史から忘れ去られた憲法第九条成立の趣旨」『エコノミスト』二〇一五年九月二二日号（九月一四日発売）、二〇一五b（本巻 一章・2所収）がある。

（6）クラウゼヴィッツ、篠田英雄訳『戦争論 上』岩波文庫、一九六八年、五八頁。

（7）毎日新聞社編『昭和思想史への証言』毎日新聞社、一九六八年、一六九頁。なお、のちに宮沢は「憲法改正について」へのGHQ草案の影響について否定的な見解を述べているが、それは、新憲法の改正においてGHQによる押し付けを理由として改正を目指す人々にも自分の改正案を支持してもらおうという意図に発する戦略的な発言（嘘も方便）であろうと思われる（平山、二〇一五ａ、一四・一九頁を参照）。

（8）宮沢「文民誕生の由来」、宮沢俊義『日本国憲法』日本評論社、一九五五年、別冊付録所収を参照。文民条項は極東委員会が芦田小委員会における第九条修正によって日本の再軍備が可能になったという中国のタン博士の解釈に基づいて大臣はシビリアン（現役武官でない者）でなければならないとする規定を追加するよう要求してきたものであり、参議院事務局編『第九十回帝国議会貴族院帝国憲法改正案特別委員小委員会筆記要旨』参議院事務局、一九九六年を読めば、極東委員会やＧＨＱは修正第九条のもとで現役武官が存在しうると解釈しているという理解が、審議の過程で宮沢や高木八尺をはじめとする少なからぬ委員の間に広まっていったことは明らかだ（平山、二〇一五ａ、一五～六頁を参照）。

（9）国連憲章以前には集団的自衛権という概念はなく、個別的自衛権のことである。

（10）坂元一哉「21世紀の日米同盟と集団的自衛権」『環──歴史・環境・文明』第八号、二〇〇二年、一三七頁を参照。

（11）山田邦夫『自衛権の論点（シリーズ憲法の論点⑫）』国立国会図書館調査及び立法考査局、二〇〇六年、二一頁、鈴木尊紘「憲法第九条と集団的自衛権──国会答弁から集団的自衛権解釈の変遷を見る」『レファレンス』一一月号、二〇一一年、三六頁。

（12）「必要な限度」とは「必ず要る限度」ということなので「必要最小限度」と同内容であろう。なお、江崎の発言には「必要最小限度の戦力を持てる」とあるが、法制局の立場からみればそれは第九条第二項のいう戦力ではなく自衛力ということになろう。鳩山は「私は自衛のためならば、その自衛のため必要な限度においては、戦力を持ってもいい、そういう解釈の仕方をしております」と述べており、自衛のためならば戦力が持てるというタン学説を支持していると思われる。しかし林は「実は結局戦力という言葉の使い方の問題になるであろうと思います」として解釈上の対立ではないかのように装った。第九条解釈における首相と法制局（一九六二年以降内閣法制局）官僚やその出身者の対立は、吉田と金森、岸と林との間にもみられ、いずれにおいても法制局が首相の意図をないがしろにし、自らの主張を通してきた。法制局は法律専門官僚の権限を駆使して首相をないがしろにし、第九条の政府解釈を独裁してきたのであり、戦前の軍部独走のようなことが戦後の憲法第九条を巡っても行われてきた。

(13) 内閣法制局に対する情報公開請求によって開示された、内閣法制局資料「集団的自衛権と憲法との関係について」(昭和四七年参議院決算委員会に提出された集団的自衛権に関する政府見解資料) 一九七二年、平成二七年四月二〇日 参議院決算委員会 民主党 新緑風会 小西洋之 http://konishi-hiroyuki.jp/wp-content/uploads/04201-4.pdf 二〇一五年八月一日閲覧。諸種の傍線は平山。なお、西川良光「集団的自衛権解釈の再考と日本国憲法」第一一号、二〇〇八年、http://id.nii.ac.jp/1060/00003705/ 五七~八頁に、活字になった全文があり、二重傍線部が「必要最少限度」ではなく「必要最小限度」となっているが、手書き版が一〇月七日に決済された正式文書である。防衛庁による一九七二年一〇月一四日参議院決算委員会提出資料「自衛行動の範囲について」(http://konishi-hiroyuki.jp/wp-content/uploads/904-13.pdf 二〇一五年九月一二日閲覧) において、誘導弾等による我が国に対する「攻撃を防ぐのに万やむを得ない必要最少限度の措置をとること、たとえば誘導弾等による攻撃を防ぐのに他に手段がないと認められる限り、誘導弾等の基地をたたくことは、法理的には自衛権の範囲に含まれ、憲法上、可能であるというべきものである」とあり、当時は「必要最少限度」という表現が好まれていたことがわかる。

(14) 同様の削除すべき文言は、以下で該当部分に取消線を付して引用する八二年答弁書、二〇〇四年秋山答弁など、政府の答弁または文書において、集団的自衛権の定義のなかに頻出するようになる。以下で引用する際には、削除すべき部分に取消線を引くことにする。なお、八二年答弁書で集団的自衛権の明確な定義がなされたとする説明が流布しているが、それは七二年資料の一部だけを引用した二次文献に拠った誤解であろう。

(15) 代表的な例としては、田原総一朗「平和憲法の基本原則守った　個別法審議でも　公明の踏ん張り期待」https://www.komei.or.jp/news/detail/20140726_14553 二〇一五年九月六日閲覧、を挙げることができる。田原は、それにもかかわらず政府が憲法解釈を変えて集団的自衛権を一部容認したかのように言うのは、アメリカがそれを要求しているから、そうしたと言ってみたまでだとも論じている（田原「安保関連法案は「第三次アーミテージ・ナイレポート」の要望通り?」http://www.nikkeibp.co.jp/atcl/column/15/100463/061100016/?P=1 二〇一五年九月六日閲覧）。もしそうだとしても、集団的自衛権全面禁止が対米関係を悪化させ、必要最小限度の自衛力に反することになるので違憲とされ、集団的自衛権の一部は合憲たりうるとされたことに変わりはなく、個別的自衛権の拡張にすぎないとアメリカに説明してしまえば、日本は尻込みしているとアメリカに受け取られ、相応の不利益を生むにちがいないので、コスト最小化にならないのだ。かつて集団的自衛権は違憲だと言ってアメリカの要求を拒むことがただ乗りのために有利で、必要最小限度の自衛力で済ます必要条件なので、集団的自衛権は違憲だったのと対照的である。また、政府が熾烈な反対運動にもかかわらず、憲法解釈変更に基づくとされる法案を通そうと、首相の職と内閣の命運を賭して頑張ることが、アメリカの信頼を増すのであり、そのためある程度の反対運動を政府は歓迎しているとも言え、わざと付け入る隙を作って反対派に攻めさせているという面があるのかもしれない。これも、かつてはいわゆる護憲運動の高まりが、政府の対米交渉力を強め、ただ乗り容認を引き出したのと、対照的だが似ている。しかし、現在のケースでは、従来の政府解釈のもとでは集団的自衛権行使が憲法違反だとする反対運動の論拠そのものが誤っており、彼らの主張が政府解釈のもとで憲法違反なのである。

(16) これは、よく言われるような意味、すなわち法やその解釈の朝令暮改という意味で法的安定性の欠如を意味するのではなく、法的安定性を保つための機会費用として合憲違憲判断が不安定化しているのである。もっともこれも法的安定性の動揺と呼ばれることもある。

(17) 芦部信喜『憲法訴訟の理論』有斐閣、一九七三年を参照。

(18) 六〇年代後半ころからの社会党左派は明らかに親ソだったが、表向きは非武装中立を唱えていたので、このなかに加えることは一応できるだろう。

(19) Stéphane Courtois *et al.*［1997］*Let Livre Noir du Communisme: Crimes, Terreur et Répression.* Robert Laffont, 外川継男訳『共産主義黒書——犯罪・テロル・抑圧　ソ連篇』恵雅堂出版、二〇〇一年、高橋武智訳『共産主義黒書——犯罪・テロル・抑圧　コミンテルン・アジア編』恵雅堂出版、二〇〇六年、平山朝治「社会主義の致命的な誤謬とは何か？——非人道性の真実と理論的起源」『平山朝治著作集　第2巻　増補　ホモ・エコノミクスの解体』中央経済社、二〇〇九年を参照。

(20) 平山朝治「文明の地政学からみた地球とアジア——日本の人口・移民政策の基礎」、藤江昌嗣・杉山光信編著『アジアからの戦略的思考と新地政学』芙蓉書房出版（叢書アカデミア）、二〇一五cを参照。

(21) 平山朝治『平山朝治著作集　第1巻　社会科学を超えて』中央経済社、二〇〇九年、Ⅱの二～四章を参照。

（二〇一五年九月二七日、書き下ろし）

三章　日本国憲法の平和主義と、安全保障戦略

憲法第九条第二項は、集団安全保障が完全に有効であることを条件として強制力を発揮するプログラム規定であるというのが、その立法趣旨である。このことは、マッカーサーの意図に基づくＧＨＱ草案形成プロセス、議会における吉田首相の答弁や芦田修正の経緯からわかる。残念ながら、冷戦の激化とともにその条件は完全に失われ、立法趣旨も隠蔽された。立法趣旨に適った法理を最初に提唱したのも、後にやむを得ず封印したのも、宮沢俊義であった。

憲法第九条や非武装をめぐる論争は、ソ連の反応に関する異なった予想のもとでの合理的選択の解の間の対立だった。第九条を絶対的規範として尊重すべきか否かという論戦だったわけではなく、状況の変化に応じて新しい解釈や改正をしてよいというコンセンサスがあった。しかし、冷戦後、第九条を支持する意見は教条的で柔軟性を欠くようになってしまった。私たちは、前文が言及している集団安全保障を真に確立することを目的として、第九条を柔軟に取り扱うべきであろう。

はじめに

憲法の平和主義の基本的な考え方は前文において明確に示され、それを前提として第九条は定められている。以下に引用する前文第二段は第九条の立法趣旨を理解するために不可欠である。

日本国民は、恒久の平和を念願し、人間相互の関係を支配する崇高な理想を深く自覚するのであって、平和を愛する諸国民の公正と信義に信頼して、われらの安全と生存を保持しようと決意した。われらは、平和を維持し、専制と隷従、圧迫と偏狭を地上から永遠に除去しようと努めてゐる国際社会において、名誉ある地位を占めたいと思ふ。われらは、全世界の国民が、ひとしく恐怖と欠乏から免かれ、平和のうちに生存する権利を有することを確認する。

「平和を愛する諸国民の公正と信義に信頼」できることを条件一としよう。また、国際社会が「平和を維持し、専制と隷従、圧迫と偏狭を地上から永遠に除去しようと努めてゐる」ことも前提されており、これを条件二とする。条件一、二は、国際連合の安全保障理事会など、集団安全保障がうまく機能しているということである。

それをふまえた「第二章　戦争の放棄」は以下に引用する第九条のみからなる。衆議院帝国憲法改正案委員小委員会の修正案によって新たに加えられた部分には傍線を付し、旧漢字を新漢字に改めたほかは、レイアウトも含めて原本(1)に従っている。

第九条　日本国民は、正義と秩序を基調とする国際平和を誠実に希求し、国権の発動たる戦争と、武力による威嚇又は武力の行使は、国際紛争を解決する手段としては、永久にこれを放棄する。

前項の目的を達するため、陸海空軍その他の戦力は、これを保持しない。国の交戦権は、これを認めない。

条件一、条件二が共に満たされているならば、自衛隊も日米安全保障条約も不必要であり、第九条を字義通りに解釈して全く問題ない。第九条第一項は国際連合憲章第二条第三～四項をふまえており、それらとほぼ同義とみてよいが、第二項は前文二条件が成立することを前提〔専門用語で言う法律要件〕としており、二条件が成り立たなくなれば戦力を保持し、交戦してかまわないと解せる。この解釈は一九七九年度、筒井若水の国際法を受講して国連の集団安全保障を学んだ直後、これと関係が深いと思って憲法前文を読み直しつつ考えたもので、前文前提説と呼ぼう。

前文二条件はその直後にある、全世界の国民の「平和のうちに生存する権利」が保障されるための必要条件である。このような生存権・社会権の保障は、政府の政策目標であっても実定法的義務ではなく、それを果たせなくても違憲ということはできないという、プログラム規定説が有力である。国単位の生存権・社会権についての最近の主流説は抽象的権利説だが、権利を確実に保障しうるほど進化した集団安全保障体制がまだ存在しないこの件についてはプログラム規定説が妥当であり、第九条第二項は前文をふまえたプログラム規定とみなければならない。このことを1節で厳密に示し、2節以下ではさまざまなゲーム理論的状況のもとで非武装政策の是非を考察する。

1　憲法第九条の立法趣旨とその封印

(一)　マッカーサーの真意

日本の侵略を受けたアジアをはじめとする連合諸国を説得して天皇制を存続させるために、彼らの安全を保障すべく第九条が設けられたとする従来の通説は誤っており、駐ソ大使を終えたハリマンが来日して、日本占領軍派遣をめざすソ連が占領政策への関与を強め、東アジア進出を狙っていることに対する危惧を、一九四六年二月一日にマッカーサーに語り[2]、さらにバーンズ国務長官が米ソ中英の戦勝四カ国と日本との間で日本の二五年間非武装化条約を結ぶ構想を密かに進めていることを漏らしたため、マッカーサーは非武装条項を含む憲法の制定を決意したらしい[3]。一九四六年三月初旬のチャーチルによる鉄のカーテン演説で広く知られるようになったヨーロッパにおける東西冷戦の深刻化を熟知し、東アジアへのソ連の野心を見抜けないでいる本国政府に業を煮やしたハリマンが来日してそのことをマッカーサーに告げ口したことが、ＧＨＱ主導による憲法制定の引き金となったようだ。

したがって、ソ連を含む極東委員会の始動前に、バーンズの対ソ外交に抗い、非武装化条約構想を反故にすべく、非武装化条項を盛りこんだ憲法の制定をマッカーサーが決意した最大の理由は、対ソ・対共産主義安全保障であり[4]、ソ連の拒否権などのため国連の安全保障に頼れなくなった場合には日本の再軍備が可能となるような内容を当初より意図していたと思われる。

憲法施行三日後である一九四七年五月六日のマッカーサーとの会見で昭和天皇は国際連合に日本の安全保障を委ねることに対する不安を述べてアメリカのイニシアティヴを望んだところ、ソ連や中国は陸続きの朝鮮には何時でも侵略できるが、現在のアメリカの海軍力・空軍力のもとでは日本が侵略されることはないと、朝鮮戦争を予見しつつ太鼓判を押した[5]。このように、憲法改正を決断した二人はともに対ソ・対共産主義安全保障を最重視していたと思われる。

日本国憲法制定の端緒は、一九四六年二月三日にマッカーサーがＧＨＱ民政局に示したマッカーサー三原則である。そのなかのⅡが現行憲法第九条の始原であり、以下に引用する[6]。

War as a sovereign right of the nation is abolished. *Japan* renounces it as an instrumentality for settling *its* disputes and even for preserving *its* own security. *It* relies upon the higher ideals which are now stirring the world for *its* defense and *its* protection.（国家の至高なる権利としての戦争は廃止される。日本はそれ＝戦争を、その紛争を解決する手段として、さらにそれ自身の安全を保持するための手段としてさえも放棄する。それはその防衛とその保護を、今日世界を目覚めさせつつある、より高い諸理想に委ねる。）

No *Japanese* Army, Navy, or Air Force will ever be authorized and no rights of belligerency will ever be conferred upon any *Japanese* force.（いかなる日本の陸軍、海軍、空軍も将来にわたって許されず、いかなる日本の部隊にも将来にわたって交戦権は与えられない。）

第一文の戦争廃止を能動態にした場合の主語がJapanではないことは、第二文に日本がそれ

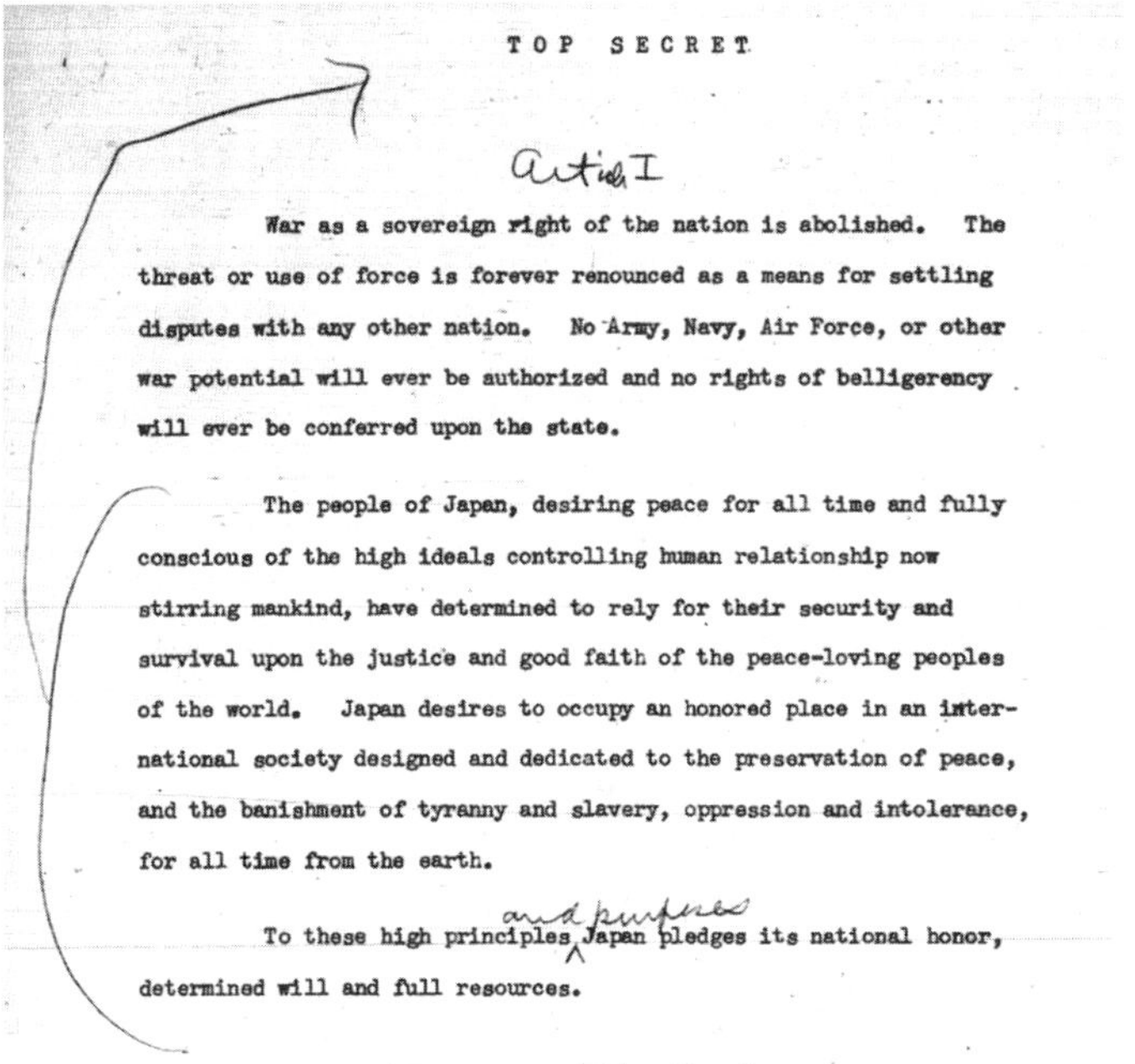

TOP SECRET

Article I

War as a sovereign right of the nation is abolished. The threat or use of force is forever renounced as a means for settling disputes with any other nation. No Army, Navy, Air Force, or other war potential will ever be authorized and no rights of belligerency will ever be conferred upon the state.

The people of Japan, desiring peace for all time and fully conscious of the high ideals controlling human relationship now stirring mankind, have determined to rely for their security and survival upon the justice and good faith of the peace-loving peoples of the world. Japan desires to occupy an honored place in an international society designed and dedicated to the preservation of peace, and the banishment of tyranny and slavery, oppression and intolerance, for all time from the earth.

To these high principles and purposes Japan pledges its national honor, determined will and full resources.

図1　ＧＨＱ原案の第一条

出所：*Alfred Hussey Papers*, "24-A Draft of the 'Preamble' to the Revised Constitution" ～ "24-I Drafts of Chapter Ten, 'Supreme Law', of the Revised Constitution" <YE-5, Roll No. 5>, http://www.ndl.go.jp/constitution/shiryo/03/002_47/002_47_003l.html, 2014年９月１日閲覧。

＝戦争を放棄する際の内容が書かれていることや、Ⅱの他の部分ではJapan, Japaneseとそれらを指す代名詞がイタリック体の部分（和訳では傍線部分）のように多用されているのに第一文だけにはないことから明らかだ。第一文の〝the nation〟もJapanではなく、総称単数である。したがって、全ての、あるいは大多数の国家からなる普遍的な団体が主体として所属各国に対して定める戦争廃止が実際に成り立っているという大前提を第一文は表し、第二文以下でその条件のもとで日本は何をすべきかを定めたものが、マッカーサー三原則のⅡである。

また、第二段は第一段第二、三文における日本の能動的行為に答えてその国際団体が日本に課す内容を述べていることになる。第一段第二文以降は、日本がまずそうして模範を示し、アメリカ自身を含む他の諸国もそれに倣うことが期待されているとも言えよう。

マッカーサー三原則をもとにGHQ草案ができるまでの間のいくつかの原案が残っており、初期の原案〔前頁に引用した**図1**〕は、手書きで〝Article I〟と記されたあとの第一段に、草案第八条第一、二項が改行なしに書かれ、第二段に「はじめに」で触れた前文二条件に関する文があり、第二、三段は手書きで前文に移すよう矢印が加えられている。第三段は現行憲法前文の最後の第四段にあたる。GHQ民政局次長のケーディスは、マッカーサー三原則Ⅱの第三文を削除した代わりに、その精神を前文に入れようと考え、図1の第二段を書いた(7)。

後の原案(8)にも、平和的生存権に関する文はまだなく、草案第八条も第一条のままである。したがって、前文二条件は原案第一条と一体の内容だが前文に回され、その後、平和的生存権がその直後に段落を改めずに加えられ、新たに第一～七条が加えられて第一条は第八条になるという風に、離ればなれになったのだ。第八条を前文で二条件、さらに生存権によって基礎付ければ、国連憲章に準拠した第一項はともかく、前例のない内容の第二項は実定性を欠いたプログラム規定と解釈できるとして、次のようなＧＨＱ草案第八条(9)が出来上がったと推測できる。

Article VIII. War as a sovereign right of the nation is abolished. The threat or use of force is forever renounced as a means for settling disputes with any other nation.（第八条　国民ノ一主権トシテノ戦争ハ之ヲ廃止ス他ノ国民トノ紛争解決ノ手段トシテノ武力ノ威嚇又ハ使用ハ永久ニ之ヲ廃棄ス）

No army, navy, air force, or other war potential will ever be authorized and no rights of belligerency will ever be conferred upon the State.（陸軍、海軍、空軍又ハ其ノ他ノ戦力ハ決シテ許諾セラルルコト無カルヘク又交戦状態ノ権利ハ決シテ国家ニ授与セラルルコト無カルヘシ）

マッカーサー三原則Ⅱ第二文以下と違って、ＧＨＱ草案第八条は原案第一条の段階から一貫して、第一文以外もJapan, Japaneseを欠き、受動態で書かれているので、能動態に直したときの主語はJapanese Peopleではなく、平和的生存権と同様all peoples〔文法的には単数形なのでany people〕ないしその生存権を保障すべき国際団体である。第二項のNo army……もNot any army……で、全ての国家に関することであり、末尾のthe Stateも総称単数であり、原案第一条＝草案第八条は日本だけに限られない普遍性を持つlawである。〝……laws of political morality are universal（政治道徳ノ法則ハ普遍的ナリ）……〟というＧＨＱ草案前文第三段は、このことを意味する。そのlaws＝法則には戦争放棄、戦力不保持、交戦権否認も含まれ、前文第二段と第二章の普遍的な「法則に従うことは、……各国の責務であると信ずる」と現行前文も解釈しなければならない。

つまり、第九条第二項に他国が従わないのに日本だけが従ういわれはないのであり、占領終了時までに理想的な集団安全保障体制が成立していない場合、日本は他国と同様に戦力を持ち、軍事同盟を結ぶことを憲法は禁じていないということになる。なお、外務省訳は第一項を能動態にし、the nationを単に国民としているが、第二項は受身に訳しており、このことは重要な意味を持つ。

一九四六年二月一三日に日本政府に示されたＧＨＱ草案を日本が受け入れなければ、昭和天皇の安全は保障できず、保守的な支配層も生き残れないと、その際ホイットニー民政局長は語った[10]が、それはソ連の介入や共産主義の浸透を防ぐにはＧＨＱ草案に基づく憲法しかないという趣旨である。

二月二二日に松本烝治国務大臣がホイットニーらと対談したおり、松本が戦争放棄を前文に置くよう提案したのに対して、ホイットニーは、「戦争の放棄を独立の一章としたのは……可能な限り最大限に強調するため」で、「この条項〔現行第九条のもとになった、ＧＨＱ草案第八条〕[11]は、恒久平和への動きについて、世界に対して道徳的リーダーシップmoral leadershipをとる機会を、日本に提供する」とし、それに関連して、ハッシー中佐が松本に、前文に置きたいとは（法的拘束力のない）単なる原則的規定としてmerely as a principle記したいという意味かと尋ね、松本がそうだと答えると、ハッシーはその立場はわかるwe appreciate that position が本文に含ませるべきで、そうすれば真に力強いものになるthis would give it real forceと言い、ホイットニーも「この原則の宣明The enunciation of this principleは異例で劇的な形でなさるべきですshould be unusual and dramatic」と述べている[12]。

草案第八条を前文に移すという松本の提案をハッシーがappreciateし、それは原則だとホイットニーが認めたのは、

図1の原案で第一条を前文二条件と一括して〝these high principles〔and purposesと手書きで追記〕〟としていたからであろう。戦争放棄の条項が本来は前文と一体の原則principleだということはホイットニーも認めていたのである。ただし、そういったことが一般に知られると本国政府や他の連合国への説得力が弱まるので、このことは当面おおっぴらにはせず密教扱いすべきだとホイットニーは示唆したとも言えよう。

マッカーサーは一九四六年四月五日の対日理事会初会議で日本が安全保障を委ねることができるような世界秩序の形成を全ての諸国民に求めることで第九条前文前提説を示し、「賞賛すべき目的と偉大で高貴な意図を伴う国際連合が存続し、その目的と意図を完遂しえるのは、日本が達成しようと一方的にこの憲法を通じて提案しているまさにそのこと、すなわち至高の権利としての戦争を廃止することjust what Japan proposes unilaterally to accomplish through this constitution-abolish war as a sovereign rightを、国際連合が全ての国々all nationsに関して達成する場合だけである。それは全てか無かでなければならない。そのような放棄〔GHQ草案以降の「第二章　戦争放棄」のこと〕は同時で普遍的でなければならない」と述べている(13)。

マッカーサーの言っていることは、「第二章　戦争放棄」の立法趣旨は普遍的な国際法を日本国憲法のなかで提案するということであり、日本が守るべき実定法として戦争放棄を定めるということではない。「『平和主義』の国際規範化」(14)は、第九条の立法趣旨であったことが確認できる。彼は、全てか無かであって日本だけが一方的にそうすることは不可能だとみていたのだ。

これは、第九条の原提案者自身によってその基礎となる立法事実(15)を明らかにしたもので、後述のように、枢密院修正、吉田茂首相答弁、芦田均衆議院委員長修正はいずれもこの立法事実に忠実に従った立法をめざしたのである。憲法制定当時の日本は武装解除していたことが第九条の立法事実とならないことは、日本軍なくともアメリカ軍を主とする西側占領軍がソ連の直接間接侵略から日本の安全を保障していたことから明らかだ。

戦争放棄条項の受動態は二月の松本起草「モデル案」以降の日本側の案にはしばらくなかったが、「陸海空軍その他の戦力の保持は、~~これを~~許さ（れ）ない。国の交戦権は、~~これを~~認め（られ）ない」と、一九四六年四月五日の「口語化第一次草案」第九条第二項に手書きで訂正されて復活した(16)。英訳についてみると、三月六日の「憲法改正草案要綱」でも第九条は受動態のままであり(17)、現行条文英訳も第二項は受動態のままである。

また、四月二日以降、入江俊郎法制局長官と佐藤達夫法制局次長がＧＨＱ民政局のケーディスらと案文の調整をし、そこでは第九条第二項を受動態にする件は取り上げられていない(18)。したがって、日本側独自の判断で受動態への修正が行われたと思われ、ＧＨＱ草案の外務省訳も第一項は主語なし能動態、第二項は受動態なので、その和訳を重視する外務省の要請に発するものではないかと思われる。

入江と佐藤を中心に作成された、法制局の『憲法改正草案に関する想定問答』第三輯（昭和二一年四月）は、政府原案の「第九条第二項は、何故受身にかいてあるか」という問に対して「国際団体の意思のあるところを察して、進んで、それに服するという進歩的態度をとつたことを意味する」云々としており(19)、露骨に言ってしまえば受動態を能動態に直した場合の主語は国際団体だということである。

ＧＨＱ草案の受動態をそう解釈して訳していた外務省筋が、おそらく四月五日のマッカーサー演説で自分たちの解釈が正しかったことを確信して法制局に受身にするよう説得し、その際の説明が想定問答になったのであろう。

ところが、一九四六年五月六日の第四回枢密院審査委員会では受身は外国からの強制を意味するのでよくないという批判がなされ、野村吉三郎は「外国の正義に依頼するとすれば、占領軍が居なくなったあとには不安になる」云々と指摘し、「マックアーサー自身も戦争抛棄の方針はユニイヴァーサルでなければ到達されぬと言つてゐる」と上記の演説に触れたのに対し、入江は「御尤である。これ〔受身の表現〕で本当に安心だとは断言し得ない」云々と答弁し、野村は「人民の自由の意思により作ると云ふことであるから、人民がそれを心配してゐると云ふことがはつきりせねばならぬ。特に議会に於て大いに納得できる様に論議されねばならぬ。いかなる場合にも、外国依存でだまつてゐなければならぬと云ふ様な国民の気持になればそれは亡国の兆である」などと主張し(20)、受身はやめるという枢密院修正に至った。

受身に関する外務省筋の説明は野村が触れたマッカーサー演説と同趣旨だったはずだが、法制局の想定問答は受身の意味を自分たちの第九条解釈と矛盾しないよう曖昧にしてしまったため切れ味が悪くなっており、入江は想定問答に沿って受身を擁護することができなかったのであろう。

(二) 曲解された吉田茂答弁

二月一三、二一日のホイットニー等との対談に吉田〔当時外相〕は参加していたのであり、親英米派外交官出身で駐英大使も務めた彼の英語リスニング能力はかなり高いはずなので、憲法改正の責任者たる吉田首相の第九条解釈は英語の微妙なニュアンスをふくむ対談、吉田も知っていただろう四月五日のマッカーサー演説〔その原文ないしそれに忠実な『朝日新聞』記事〕や、受身に関する想定問答が示唆するような、吉田の出身母体たる外務省の解釈をふまえて読解しなければならない。

まず、一九四六年六月二八日の衆議院本会議における吉田答弁(21)を検討する。

……交戦権抛棄ニ関スル草案ノ条項ノ期スル所ハ、国際平和団体ノ樹立ニアルノデアリマス、国際平和団体ノ樹立ニ依ツテ、凡ユル侵略ヲ目的トスル戦争ヲ防止シヨウトスルノデアリマス、併シナガラ正当防衛ニ依ル戦争ガ若シアルトスルナラバ、其ノ前提ニ於テ侵略ヲ目的トスル戦争ヲ目的トシタ国ガアルコトヲ前提トシナケレバナラヌノデアリマス、故ニ正当防衛、国家ノ防衛権ニ依ル戦争ヲ認ムルト云フコトハ、偶々戦争ヲ誘発スル有害ナ考ヘデアルノミナラズ、若シ平和団体ガ、国際団体ガ樹立サレタ場合ニ於キマシテハ、正当防衛権ヲ認ムルト云フコトソレ自身ガ有害デアルト思フノデアリマス。

傍線部分から、第九条第二項は国際平和団体の樹立を期し、それを前提していると吉田は考えていたことになる。また、波線部分から、国連憲章第五一条が暫定的措置として認めている自衛権行使、さらには自衛権そのものを無用とするような、理想的集団安全保障体制のことを、吉田は「国際平和団体」と言っていることが分かる。

七月四日の衆議院帝国憲法改正案委員会における答弁で、「我々ノ考ヘテイルトコロハ、国際平和団体ヲ樹立スルコトニアルノデ、国際平和団体ガ樹立サレタ暁ニ於テ、……自然権ニヨル交戦権ト云フモノガ自然消滅スルベキモノデアル」(22)と、吉田はあくまで国際平和団体樹立が自衛のための交戦権を不要とするための前提であることを再度強調している。これは、マッカーサー三原則のⅡが、普遍的な戦争放棄を前提に日本が自衛の手段としての戦争までも放棄し、戦力を保持しないとしているのと同趣旨である。

これらの答弁については、金森国務大臣らほとんどの人は、国際平和団体への吉田の言及を無視し、波線部分のなかから「正当防衛権ヲ認ムルト云フコトソレ自身ガ有害デアル」だけを切り離して吉田は自衛戦争や自衛権まで無条件に否定したと解釈した(23)。金森が過失ではなく故意に吉田首相答弁をねじ曲げた背後にある動機については、注（33）で推測した。

吉田は、七月四日答弁の上記引用の直後に「理想ダケ申セバ、或ハ是ハ理想ニ止マリ、或ハ空文ニ属スルカモ知レマセヌガ、兎ニ角国際平和ヲ維持スル目的ヲ以テ樹立セラレタU・N・O〔＝国際連合〕……此ノ憲章ニ依リ、又国際連合ニ日本ガ独立国トシテ加入致シマシタ場合ニ於テハ、一応此ノ憲章ニ依ツテ保護セラレルモノ、斯ウ私ハ解釈シテ居リマス」(24)と述べ、武力を伴わない不法な経済圧迫を受ける懸念についても七月一五日の答弁で「一応此ノ平和愛好国ノ団体〔国際連合〕ノ存在、或ハ〔もっと強力な国際平和団体を〕設立スルト云フ趣意カラ考ヘテ見マシテ、御懸念ノコトハ抽象的ニハ先ヅ一応問題ガナイモノト思ヒマス」(25)としているように、現実の国際連合は必ずしも頼りにならず、国際平和団体の樹立という理想の実現が第九条の目的にしてその第二項〔戦力不保持・交戦権放棄〕の前提であると吉田は言っている。

日本の安全保障にとって国際連合の最大の弱点はソ連の拒否権であったから、吉田のいう国際平和団体とは、それを克服し、共産圏の拡大を封じ込めるような機構のことである。

㈢でみるように、『憲法改正草案に関する想定問答』では、第九条第二項は集団安全保障の如何にかかわりないとされている。吉田はそのことを再三否定しているにもかかわらず、金森や法制局は『想定問答』にこだわって吉田答弁をねじ曲げ続けた。しかし、この曲解を露骨に正すと密教が密教でなくなるので、吉田は曲解を野放しにした。さらに、可能な限り安保ただ乗りをして経済復興に国力を傾けようという意図から、吉田は曲解を前提した発言までするようになり、曲解はいつしか吉田の真意と思われるようになってしまった。

とはいえ、貴族院憲法改正案委員会における一九四六年九月五日の吉田答弁では「自ラ武力ヲ撤シテ、サウシテ平和団体ノ先頭ニ立ツテ平和ヲ促進スル、平和ニ寄与スルト云フ抱負ヲ加ヘテ、戦争抛棄ノ条項ヲ憲法ニ掲ゲタ」(26)と、平和団体の存在ないし設立が第九条第二項において前提されており、衆議院での修正は吉田の第九条解釈を何ら変更しないものだったことが確認できる。それでは、衆議院での修正にはいかなる意味があったのだろうか?

㈢　芦田均修正の真相

戦力保持合憲説としては、芦田を委員長とする衆議院憲法改正案委員小委員会による第二項の付加である「前項の目的を達するため」に注目して、第一項の「希求し、」よりあとの部分が禁じるような侵略行為を目的とする戦力は保持しないが、それ以外の目的、たとえば自衛のための戦力保持は可能であるとする解釈がある。この解釈を、最初の提唱者と思われる中国のタン博士に因んでタン学説と呼ぶことにする。

芦田が提出した当初の修正案(27)においては、付加部分を除いて第一項と第二項とが政府原案や現行条文とは逆にされ、

第九条　日本国民は、正義と秩序を基調とする国際平和を誠実に希求し、陸海空軍その他の戦力を保持せず。国の交戦権を否認することを声明す。

②前掲の目的を達するため、国権の発動たる戦争と、武力による威嚇又は武力の行使は、国際紛争を解決する手段としては、永久にこれを拋棄する。

となっていたので、戦力不保持の目的は現行条文第一項前半と同じ「……希求し」である。したがって、芦田はタン学説とは全く異なることを意図して修正案を提出していたのである。

一九四六年六月二六日の衆議院本会議における吉田答弁に、「我ガ国ニ於テハ如何ナル名義ヲ以テシテモ交戦権ハ先ヅ第一自ラ進ンデ抛棄スル、抛棄スルコトニ依ツテ全世界ノ平和ノ確立ノ基礎ヲ成ス、全世界ノ平和愛好国ノ先頭ニ立ツテ、世界ノ平和確立ニ貢献スル決意ヲ先ヅ此ノ憲法ニ於テ表明シタイト思フノデアリマス（拍手）」(28)とあり、これが、第一項と第二項を入れ換えて第一項を「国の交戦権を否認することを声明す」で結ぶという芦田修正案のもとになっていることは明らかだろう。

芦田は修正案を提出する前にそれをケーディスに示し、芦田修正案においては自衛力の保持や国連軍への参加が認められるとケーディスは解釈した上でOKを出していた(29)。ケーディスは日本が自衛などのためならば武装する可能性を積極的に認める立場から、マッカーサー三原則Ⅱにあった、戦争を「日本自身の安全を保持するための手段としてさえも放棄する」という文言を削除してGHQ草案をまとめ、自衛戦力保持を許容しており〔西〔二〇〇四〕、二四八頁〕、さらに芦田修正案は戦力保持を可能にすることを日本側が積極的に意図したものと理解した上でこれを支持したのである。

また、芦田がケーディスに示した修正案は、第一項第二項を原案とは逆にしたものなので、ケーディスはタン学説とは違う、自衛や国連軍への参加のための戦力保持を正当化する意図を芦田の修正案に読みとっていたことになる。

金森国務大臣は「枢密院では、国際平和維持のためには軍備を保持することは認められると答えていますね」、とケーディスは語っている〔西〔二〇〇四〕、二五〇頁〕。このあたりの議事を記録したと思われる文献(30)にはこの趣旨の金森発言は見当たらないのでケーディスの記憶違いかとも思ったが、さらに調べてみると、GHQに渡された一九四六年一〇月二一日の枢密院審査委員会和文議事要旨によれば、金森は国内の騒乱の鎮圧や自衛行為には「戦力」が持てないので武力行使できないとした上で、「第二項の『前項の目的を達するため』とあるのは、第一項の『国際平和を希求』するといふ大目的の意味であり、『戦力』とは戦争に主として用ひられるものの意味であるから、国内治安維持のための武器の保有は許される」と答弁したとあり(31)、そのなかの「国内治安維持」が英訳議事要旨(32)では〝the maintenance of international peace〟と訳されていた。

和文議事要旨は内部矛盾のため意味不明であり、英訳者は「内」を「際」の誤記とみなして矛盾を解消したのだろう。いずれにせよ、そのような金森国務大臣発言が枢密院で実際にあったとしても何の問題もないというのがGHQの立場だったことになる。

他方、GHQのクレームがつかない範囲で戦力不保持を実定法的な禁止規定にそぐわないものにしたいという動機が小委員会に参加した全員に共有されていることは、たとえば、金森国務大臣が、政府原案第一項では「永久にこれを抛棄する」とあるが、第二項では「永久に」という言葉がないので、「第二項ノ戦力保持ナドト云フコトニツキマシテハ国際連合等トノ関係ニ於キマシテ色々考フベキ点ガ残ツテ居ルノデハナイカ……非常ニ永久性ノハッキリシテ居ル所ヲ第一項ニ持ツテ行ツタ、斯ウ云フ考ヘ方ニナツテ居リマス」〔衆議院事務局編［一九九五］、一四一～二頁[33]〕と語って、第一項に永久的規範を置く原案のほうが第二項で国連加盟国の兵力提供義務（憲章第四三条）などに応じることができると、枢密院議事要旨の上記英訳と同趣旨の結論を示し[34]、この金森発言が大きく影響して、第一項と第二項は原案に戻すという意見が優勢になっていった〔衆議院事務局編［一九九五］、一九〇～一頁〕ことから明らかだ。

しかし、ＧＨＱに提出された英訳[35]においては、永久的規定ではないとして第二項を相対化する金森の解釈が読み取れる部分は、完全に削除されていた。日本側では、日本が再軍備することは可能だとあからさまに示すような修正はできないだけでなく、そういう解釈ができると話し合われた秘密会議記録もＧＨＱには見せられないと思い込んでいたが、これが過剰反応であったことは、同じく秘密会議である枢密院審査委員会における金森発言のＧＨＱ側による上記の英訳が削除部分と同じ結論であることから明らかだ。国連軍参加のための戦力が自衛のためには使えないというのは、国連憲章の趣旨からしても実際上も不合理で認められない。

以下に引用する芦田の発言[36]が示すように、当時の芦田自身による芦田修正案解釈は、第一項（現行条文第二項）は前文の二条件、すなわち集団安全保障を前提するということである。

ソレデハ私モウ一ツ説明シナカツタ理由ヲ申上ゲマス、〔戦力不保持・交戦権放棄を〕原文ノ侭ニ第二項ニ置イテ、サウシテ文句ヲ変ヘルト、関係筋デ誤解ヲ招クノデハナイカ、独立ノ条項トシテ置ク限リハ「これを保持してはならない」、「これを認めない」ト云フ風ニシナイト、ドウモ却テ修正スルコトガ〔戦力不保持・交戦権放棄に条件をつけようとした修正案をGHQが拒否して〕藪蛇ニナルノダカラ、ソコデドウシテモ日本ハ国際平和ト云フコトヲ誠実ニ今望ンデ居ルノダ、ソレダカラ陸海軍ハ持タナイノダ、国ノ交戦権モ認メナイノダ、斯ウ云フ形容詞ヲ附ケテ〔政府提出原案では「戦力を保持してはならない」という禁止規定であったのを修正して〕「戦力を保持せず」ト言フコトノ方ガ、其ノ方面ノ〔GHQとの〕交渉ノ時ニハ説明ガシ易イノデハナイカ、此ノ侭ニ〔第一項にせず第二項のままに〕置イテ此ノ第二項ノ英文ヲ書換ヘルト云フコトハ相当困難ヂヤナイカ、斯ウ云フ理由モアツテ、ソレデ之〔戦力不保持・交戦権放棄〕ヲ一定ノ平和機構ヲ熱望スルト云フ機構ノ中デ之〔戦力不保持・交戦権放棄〕ヲ解決シテ行ク、斯ウ云フ風ニ実ハ考ヘタノデス。

芦田修正案の真意は、戦力不保持・交戦権放棄の前提には平和機構があるということだ。この芦田の発言は、GHQに提出された前掲英訳においては、傍線部分が完全に抜け落ち、波線部分が〝For this reason, I think that it will be better to resolve the matter into the framework designed to demonstrate our great enthusiasm for peace.〟となっており、「平和機構」は単に〝peace〟、「機構」は〝framework〟と訳されているが、芦田のいう「平和機構」とは国連安全保障理事会のような平和のための国際機構international organization for peaceであることは、帝国議会会議録検索システムで「平和機構」を検索するとヒットする他の七例からもわかる(37)。

芦田の「平和機構ヲ熱望スル」「〔平和〕機構ノ中デ之ヲ解決スル」がそれぞれ、六月二八日の衆議院本会議における吉田答弁のなかの「期スル所ハ、国際平和団体ノ樹立ニアル」「国際平和団体ノ樹立ニ依ツテ、凡ユル侵略ヲ目的トスル戦争ヲ防止シヨウトスル」の言い換えであることも明らかだろう。

『憲法改正草案に関する想定問答』では、第一項は自衛権を認めるが、第二項によれば戦力がないため自衛戦争はできないとされていた。そこでは「国際連合が成立しその武装兵力が強大となれば、自衛戦争の実行は事実において、これに依頼することができる」とあるが、そうでないとしても国の戦力や交戦によらない、有り合わせの武器によるゲリラ戦を第二項は禁じていないとしているように、『想定問答』は集団安全保障の如何にかかわらず無条件に第二項を日本は守るべきとしていた(38)。

しかし、小委員会ではこの『想定問答』から逸脱する第九条解釈が金森と芦田によって開陳され、それらはGHQに許容されないのではないかと恐れた日本側が英訳においては削除し、あるいは意図的に誤訳したのであろう。衆議院事務局［一九九五］の原本には、英訳しないよう赤線でチェックした部分が四一カ所あった(39)。しかし、第二章とりわけ第二項は国際法の提案だというGHQの意図と芦田修正の趣旨は同じであるから、正確に訳して何の問題もなかったのだ。

一九四六年八月一日の第七回小委員会で現行条文と全く同じ修正案が固まる際に、芦田は「前項ノト云フノハ、実ハ双方トモニ国際平和ト云フコトヲ念願シテ居ルトイフコトヲ書キタイケレドモ、重複スルヨウナ嫌ヒガアルカラ、前項ノ目的ヲ達スル為メト書イタ」と言い、それに対して吉田安は「〔前項の目的すなわち〕正義ト秩序ヲ基調トスル国際平和ヲ希求シテ、此ノ希求ノ目的ヲ達スル為メ、陸海空軍其ノ他ノ戦力ハ之ヲ保持シテハナラナイ〔という禁止表現を修正して〕、『これを保持せず』、斯ウシタラ『保持せず』ト直シテモ目的が謳ツテアルカラ委員長ノ御苦心ガ生キル」

と応じ、廿日出庬も吉田安の発言に補足して、最後に「誓ふ」と云う前文は宣言で、「ソノ宣言ノ後ニ此ノ九条ガ直グ来ルト見テ私ハ何ラ差支ヘナイト思ツテオリマス」云々と言い〔衆議院事務局編［一九九五］、一九四頁〕、それで現行条文が決まったのであるから、第一項、第二項を元に戻して現行条文が決まる際に、タン学説は誰も想像すらせず、みな戦力不保持が「保持してはならない」という禁止規定ではなくなり、国際平和という前文が掲げる目的の手段とされたことを重視していた。

手段の適不適は目的との関係によって評価されることになり、理想的な集団安全保障が樹立されれば戦力不保持は世界規模の「刀狩り」として平和に大いに役立つが、そうでない限り、戦力保持は必ずしも違憲ではなく、戦力保持のほうが不保持よりも正義と秩序を基調とする国際平和の確立に貢献しそうならば戦力を保持すべきだということになる。

(四) 芦田のタン学説剽窃疑惑

タン学説を芦田が最初に唱えたのは一九五一年一月一四日の『毎日新聞』紙上であり〔西［二〇〇四］、二九四頁注一〇二〕、そこで彼はタン学説を憲法制定当時から自分は公にしていたと主張し、その証拠として憲法公布の日に出版した自著『新憲法の解釈』から第九条は自衛のための戦争を放棄していないとする文章を引用している(40)が、これは政府の公式解釈（＝金森解釈）そのままであり、さらにその直前の段落では「前項の目的」は「……希求し」であるとしているので、芦田は明らかに嘘をついている。

芦田は一九五七年一二月五日に内閣の憲法調査会でタン学説を主張しつつも、「『前項の目的を達するため』という辞句をそう入することによつて原案では無条件に戦力を保有しないとあつたものが一定の条件のもとに武力を持たないということになります」と証言している(41)。

しかし、タン学説は戦力保持を無条件に認めるが、その使用目的を侵略行為以外に限定するものであって、戦力不保持に条件をつけるものではない。芦田は平和機構の存在を条件とする意図で修正した際の説明をタン学説に流用したため、タン学説は自分が考えたものでなく受け売りであることが露見している。

一九四六年九月一九日の極東委員会第三委員会で承認された中国の決議案の論拠として、九月二一日の極東委員会第二七回会議で中国のタン博士が述べたなかにタン学説がみられ(42)、修正第九条によって可能となった日本の再武装に備えて文民条項を加えるよう極東委員会からGHQを通して日本に要求がなされた際、ケーディスは九月二七日に法制局の佐藤達夫らに、「同条第一項〔正しくは第二項〕にFor the above purpose（前項の目的を達する為）とあるのが、日本は右目的以外の目的で再び軍備を整えることがあり得るとの誤解を生じたものと思はれる」(43)と語り、誤解をさけるためにFor the above purpose〔当初の芦田修正案にある「前掲」の英訳のままだった〕をIn order to accomplish the aim of the preceding paragraphに改めたほうがよいと述べた(44)。

これは、前者だと前文を含みうるのに対して後者だと第九条第一項に限定されるから「誤解」の余地はなくなるという趣旨であり、やはりケーディスはタン学説ならぬ前文前提説に基づいており、タン学説もそうだと誤解していたのだ。

佐藤達夫は小委員会で第九条の条文が固まった際、自衛戦争が許容されるのではないかと思い、GHQから文句が出るのではないかと危ぶんだが、まさかタン学説の拠りどころになろうとは思わなかった(45)と述べており、この時彼はケーディスと同様タン学説以外の自衛戦争を許容する解釈を念頭に置いていたことになる。

芦田修正の二カ月近く後に佐藤達夫がケーディスを介して仕入れたタン学説を何らかの機会に聞いた芦田は、それを剽窃し、衆議院小委員会における修正は再武装を可能にするような自分のオリジナルなアイデアに基づいていると一九五一年一月以降主張しだした。

一九五六年五月に小委員会『速記録』が秘密になったあと、憲法調査会長の高柳賢三、金森と佐藤は一九五七年に芦田修正の真相究明をめざし(46)、『速記録』公開を衆議院議長に要求したが、拒否された(47)。このことは、『速記録』秘密扱いを画策した黒幕も芦田であることを示唆する。

タン博士が「前項の目的」を〝above purpose〟とした英訳に基づいているのではないことは、右記発言のなかの〝……for purposes other than those specified in the first paragraph of Article IX ……〟から明らかであり、日本語原文かそれからの中国語訳に漢字で「前項」とあるのを見たのだろう。中国古典の文章には本来句読点も改行もなく、句読点や改行は原典の解釈を伴うもので、正しいとは限らないと、中国古典に慣れ親しんだ人ならば無意識のうちに想定するはずである。

「はじめに」で示したように日本国憲法原本には第二項のはじまりを明示する数字はないので、漢訳して句読点と改行をとれば、各々の条のなかの項立ては解釈者が自由にでき、「希・二求○○一」（○○を希求し）」のあとが前項だと解し得る。タン学説は中国古典に習熟した人が和文解釈にそれを応用しない限りまず考えつかないものであろう。

和文を読む日本人は「前項」とあればその冒頭から読んで目的を表す「希求し」がまず目に留まり、第一項の後半は前半＝目的にとっては手段であるから、「前項の目的」が直接には後半に関するとしてもその目的は前半なので結局前半が大目的として第二項を規定すると解釈するし、ケーディスの提案した修正後の英訳でも同様だ(48)。

「前項の目的」に関する宮沢俊義説(49)を私が使ってきた表現によってまとめると次のように言えるだろう。

タン学説に従って「前項の目的」は侵略戦争をしないという目的だとしても、大目的たる「……希求し」を無視することはできないし、不戦条約で侵略戦争を放棄した国々が自衛戦争の名目で第二次世界大戦を戦ったことなどからして、実質的に侵略戦争をしないという目的を達するためには自衛も含めて戦力不保持が必要だという風に、タン学説と逆に芦田修正によって自衛目的戦力不保持の要請は強まると解釈するほうが真っ当である。中国古典の読み方を濫用せず、日本語の文法論・意味論に従えば、タン学説が詭弁であることは明らかではなかろうか。

なお、宮沢は「……希求し」を前項の目的とする多数説ないし政府解釈を説いているわけではなく、それらを無視してタン学説を内在的に批判していることから、宮沢自身の説はこれら三つの説以外であることが分かる。

法制局畑の人々は芦田のタン学説を潰そうとした。法制局長官として憲法立案の責任を負っていた入江俊郎は、(三)で引用した芦田の、平和機構に言及した発言については、「其ノ方面ノ交渉ノ時ニハ説明ガシ易イノデハナイカ」までを採用してあとは省き、「思うに芦田氏は当時は、あくまで正論を唱え、侵略はもとより、自衛のためにも一切の戦争をしないという建前をはっきりさせようと主張したように解されます」と解説している(50)。入江［一九六〇］は、東京大学占領体制研究会における一九五四年六～七月の口述に補正し、一九六〇年七月に刊行された憲法調査会の資料である〔入江［一九七六］、九五三頁〕。

小委員会での芦田の平和機構への言及よりも少し前に、交戦権否認を戦争放棄の前に持ってくるべきだという芦田の意見に対して鈴木義男が「或ル国際法学者モ、交戦権ヲ前ニ持ツテ来ル方ガ、自衛権ト云フモノヲ棄テナイト云フコトニナルノデ宜シイノダト云フコトヲ説明シテ居リマシタ」〔衆議院事務局〔一九九五〕、一九〇頁〕と応じている。

鈴木は芦田修正案が自衛権さらには自衛のために使える戦力を放棄しないための工夫であると理解した上で、それを支持する国際法学者の説を紹介しているのだが、その部分を入江は、芦田の主張に「鈴木義男氏はこれに賛成した」〔入江〔一九七六〕、三八六頁〕とだけ述べ、鈴木が賛成の論拠として挙げた国際法学者の見解は無視している。

入江が口述の際に参照していた、自身の手書きノート(51)において、鈴木による国際法学者の自衛権に関する説の紹介も、平和機構の中で戦力不保持と交戦権放棄の問題を解決するという芦田の発言も、入江は改行した上で正確に筆写しており、入江はこれらの発言に強い印象を持っていたことは間違いない。そのような発言を口述において省いたことは不注意ではありえず、明らかに意図的な行為である。

手書きノートの末尾に「1950.4.30.了」とあり、一九五〇年一月のアチソン国務長官発言や二月の中ソ同盟成立で東アジア情勢は風雲急を告げたころなので、再軍備を巡る憲法論争に備えて入江は『速記録』を繙《ひもと》いてノートをとり、芦田の平和機構発言を見出して、これだ！　と思ったはずだ。それを読んで、一九四六年四月五日のマッカーサー演説や受身に関する『想定問答』の本来の意味を入江はようやく理解したと思われる。

そして、芦田の平和機構発言を世に出そうと考え、芦田の了解を求めていたかもしれないし、そのおりに比較対象としてタン学説に触れていたかもしれない。いずれにせよ、芦田は入江など法制局関係者を通して知ったタン学説を一九五一年一月に、芦田修正のときから自分が考えていた解釈だと偽って公表し、金森・入江・佐藤はそれに反撃した。

マッカーサーや吉田の解釈に忠実に従ったにすぎない芦田修正は芦田のオリジナルな貢献とは言い難いのに対して、タン学説はアメリカ人や日本人の誰も思いつきもしなかった極めてユニークな解釈であり(52)、それを剽窃して戦力保持を合憲とした功績を一人占めしようというよこしまな動機から芦田が嘘をついたことは、法制局畑の人々には明らかだったと思われる。

『速記録』は秘密扱いされることになった一九五六年五月一〇日まではそうではなく、芦田のタン学説に否定的な入江口述に関心を持った宮沢らが『速記録』をチェックし、自分が意図的に省いた芦田の平和機構発言を発見することを期待して入江は口述したという仮説を立てると、いろいろなことの辻褄が合うように思われる。

先に述べたように法制局畑の人たちは『速記録』を使って芦田の嘘を実証しようとし、『速記録』が秘密扱いにされると間もなく、憲法調査会長の高柳をバックアップして金森と佐藤も公開を要求した。

後述するように高柳は芦田の平和機構発言と同趣旨の説を一九五三年に発表したが、宮沢はGHQ草案の段階の一九四六年春に発表しており、マッカーサーらGHQの関係者を除けば第一提唱者の権利を有していた。法制局畑の人々は新しい政府解釈になるべき学説を発表している宮沢と高柳の二人をリストアップして、まず優先権のある、日本憲法学の頂点に位する宮沢を担ごうとしたが断られ、そのため次に高柳と組み、芦田は『速記録』隠しで対抗したのだろう。

宮沢が法制局閥の誘いを袖にした理由を見出すことができれば、この仮説は実証される。

㈤　宮沢俊義のプログラム規定説提唱と、高柳賢三の剽窃疑惑

宮沢は一九四六年三月の論文「憲法改正について」で、「現在の軍の解消を以て単に一時的な現象とせず、日本は永久に全く軍備を持たぬ国家――それのみが真の平和国家である――として立って行くのだといふ大方針を確立する覚悟が必要ではないかとおもふ」と説き起こしながら、「希望は必ずしもただちに現実とはならない。ここに憲法改正のむづかしい問題が伏在するのである」と承け、さらに転じて、「法律家というものはだいたい実証主義者で、道徳の準則や政治の大方針などを成文法で定めることを無意味だと考える癖がある」としながらも、「憲法に政治的な綱領を定めるのは少しも不当ではない。とりわけ現在のような大変革が行われる際には高い理想にもとづく大きな原理をプログラムとしてかかげることが望ましい」「日本人は憲法改正においてプログラム的な規定を設けることを欲するやうに想像される」というような、憲法改正における平和主義の取り扱いを肯定して結んでいる(53)。

これは明らかに、憲法の生存権・社会権規定に裁判規範性を認めず、それらを努力目標や政策的方針とするプログラム規定説を適用したものである。宮沢は、〝起〟とほぼ同じ見解を一九四五年一一月二四日の憲法問題調査委員会（松本委員会）第六回調査会で明治憲法の軍規定削除論として主張しており〔高見［二〇〇四］、四七四頁〕、〝承転結〟ではそれをふまえて非武装平和主義をいかに明文化すべきかをプログラム規定説によって論じたのだ。

宮沢は「憲法改正について」を書く直前の二月下旬ころ、閣僚の一人からGHQ草案について見聞した際、英文（?）を見たのは数分ほどで、丁寧に読む余裕は与えられなかったが、「第九条〔GHQ草案第八条〕のことも一緒に聞いて、それが私の頭の中に入っていたのかもしれません」「私が『マッカーサー草案〔GHQ草案〕のことを知った上で』書

いたものと判断するよりしかたがないような気もします」と述べ、宮沢が憲法問題調査委員会で述べたことは「徹底した非武装思想ではなく、ただ軍の規定を憲法に置かないというだけ」なので、「憲法改正について」の考え方は「やはりマッカーサー草案から来ていると見るべきでしょうか」としている(54)。

「憲法改正について」で宮沢は全国民に労働の権利を規定しても失業者をなくすことは容易ではないことを平和国家建設の困難と類比してプログラム規定説を展開しており〔二六頁〕、両者を共に生存権・社会権としてとらえるという着想が根本にあるが、それは軍規定削除論からの大きな飛躍を要し、彼自身の着想ならば思いついたことを鮮明に記憶しているはずだ。非武装を明文化したら将来再武装の必要が生じたとき迅速に憲法改正できる保証がないため、宮沢は〝承〟で立ち往生していたと思われるが、その答えがＧＨＱ草案にあったのだ。

平和的生存権の記述は前文第二段にあるので、短時間草案を手にした際、宮沢の目から鱗を落としたと思われる。「道徳の準則や政治の大方針などを成文法で定める」〔二八頁〕もＧＨＱ草案前文第三段の〝laws of political morality are universal〟に由来していると思われる。

宮沢がＧＨＱ草案第二章第八条を見なかったのは事実だろうが、その前文第二〜三段が「憲法改正について」のもとにあるようだ。宮沢は第九条第一項において自衛戦争は放棄していないとする多数説や政府解釈を批判して、前文の絶対的平和主義に照らせば全ての戦争を放棄したと解釈すべきだとしている〔宮沢〔一九五五〕、第二章〔八〕（ロ）〕。

このように前文を前提として第九条全体を解釈するという特色が宮沢にはあり、ＧＨＱ草案と彼の出会い方を示唆しているとともに、自衛権を不要とするような理想を説いたマッカーサー三原則Ⅱや一九四六年六月二六日・同二八日の吉田答弁に通じる。宮沢によれば、第九条は前文の目的を達するための手段にすぎず、第九条が定める政策が適当かどうかは前文＝目的に照らして評価すべき平和の技術の問題である(55)。「軍隊はあってはならないと言ってみたところで、現実には日本には軍隊はあり、その限りでは第九条は侵害されている。この事実を十分認めたうえで、どうするかを考えるべきでしょう」〔毎日新聞社編［一九六八］、一七三頁〕という宮沢の見解からも、宮沢［一九四六］以降、第九条第二項の非武装を失業者をなくすことと同様の非実定的プログラム規定であると、一貫してとらえてきたことは明らかだ。

宮沢［一九四六］のプログラム規定説は、衆議院小委員会の審議に大きな影響を与えたと思われる。「いちばんいけないことは、真に平和国家を建設するといふ高い理想をもたず、ポツダム宣言履行のためやむなくある程度の憲法改正を行つてこの場合を糊塗しようと考へることである」〔宮沢［一九四六］、一九〜二〇頁〕という表現とよく似た、「第二章ハ非常ニ結構ナ法文デ、此ノ憲法ノ中ノ傑作デスガ、何ダカ仕方ガナイ、止メヨウカト云フヤウナ所ガアリマス、何カ積極的ナ摂理トシテ、戦争ハイカヌト云フヤウナ字ガ入レバ尚ホ宜イカト思ヒマス」〔衆議院事務局［一九九五］、七九頁〕という進歩党の犬養健の発言が芦田の修正案をもたらした。

また、社会党修正意見が「草案第九条の前に一条を設け『日本国は平和を愛好し、国際信義を重んずることを国是とする』趣旨の規定を挿入」〔衆議院事務局［一九九五］、付録一三頁〕し、鈴木義男はこれを「宣言」と述べた〔衆議院事務局［一九九五］、七八頁〕のは、宮沢が理想主義的憲法の例として、共和三年のフランス憲法における「権利」の宣言と「義務」の宣言とを挙げて「実証的な立場から見れば、あつてもなくても別に変りはない規定である。……しかし、さういふ規定にも勿論長所がある。政治の大理想を天下に宣明し、政府がその実行の義務を有することを明文で確立しておくことは決して無意味ではない」「『平和主義を以て国是とす』などという規定……フランス革命当時のフランス人ならば、さういふ規定を置く気になつたであらう。そして、場合によつてはその規定の下で戦争したかも知れない」〔宮沢［一九四六］、二八、二九頁。以上の傍線は平山〕と論じていることを髣髴とさせる。犬養の発言にも社会党の修正案にも宮沢［一九四六］の影響があるだろう。

衆議院小委員会において第九条両項の冒頭にそれがめざす目的・理想を付加するという修正がなされ、第二項は前文の理想をめざすプログラム規定であるとかなりはっきりと明示されたことになる。

衆議院小委員会が決定した修正第九条に対して、GHQを介して極東委員会から日本が再軍備する可能性に備えて文民条項を加えるように要求された際、それについて審議した貴族院小委員会において、条件一にかかわる前文の「平和を愛する諸国民の公正と信義に信頼して、われらの安全と生存を保持し」の部分が、もとは単に「われらの安全と生存をあげて、平和を愛する諸国民の公正と信義に委ね」とあったのを修正して作られ、無条件に「委ね」るのではなく「信頼して」という条件を加えるこの修正は、完全なる他律から自律への変更で、自衛戦力保持の一つの根拠になるとケーディスは理解していた〔西［二〇〇四］、三〇九～一〇頁〕。

このことからも、ケーディスの第九条解釈が前文前提説であることは明白である。

「信頼して」にするという修正は、山本勇造（筆名は有三）の「改正憲法前書きの試案」[56]第三段「われら日本国民は、戦争を憎み、戦争を否認する。故にみづから進んで武器を捨て、国際間の紛争に武力を用ゐないことを言明する。われらは、これに喜びと誇りとを感ずると同時に、われらの安寧と生存とに関しては、平和を愛する世界各国の公正と信義とに信頼する。……」に由来し、そのなかの「信頼する」が小委員会の修正で採用されたことに彼は感謝している[57]。

彼の案が前文に第九条の内容を取り込んでいるのは、松本以来何人もの日本人が前文に移す案を主張しているので珍しくないが、ケーディスの前文修正理解は山本案中の「みづから進んで武器を捨て」をふまえているようだ。現行のように「信頼して」を入れる案は、高柳賢三「日本憲法改正案中前文の字句修正に関する提案」[58]にあり、高柳は第二回貴族院小委員会で、「GHQは、前文ニ付テハ英文ハ変ヘテ貰ヒタクナイ、英文ノ意味ヲ益々ハッキリサセル為ニ日本文ヲ修正スルノハ構ハヌトノコトダッタ」[59]と述べているので、高柳は山本案の扱いを巡ってGHQと折衝し、現行のように「信頼して」を入れるのは英文の意味の明確化にあたるのでよいという了解を得ていたことになる[60]。

宮沢俊義「文民誕生の由来」〔宮沢［一九五五］、別冊付録、所収〕によれば、極東委員会の要求で文民条項を設けることになったとき、政府はcivilianを武官の職歴を有さない者としたが、宮沢も加わった貴族院小委員会ではそこまで広い範囲で国務大臣になる資格を奪うのは妥当でないとし、civilianの意味は現役武官を除く者ということなので、その意味で「文民」と訳したが、新憲法成立後の多数説は「文民」とは「武官の職歴を有さない者」であると解釈し、政府解釈もそれを若干緩めたものになり、両者が結託して小委員会の立法趣旨を握りつぶした。

極東委員会は憲法第九条が修正されて日本は戦力を持ち得るようになったと解釈して文民条項を要求し、小委員会もそれを前提に文民条項を定めたが、戦力を持ち得ないという解釈に基づく多数説と政府解釈はそのような立法趣旨を受け入れなかったと、宮沢は言いたいのであろう。

GHQ草案は第二章の戦争放棄を前文の平和的生存権に関する国際法のプログラム規定とし、吉田答弁や芦田修正はそれをふまえていたが、金森は前文前提・プログラム規定説の立法趣旨を握りつぶし、多数説も戦力の定義以外は政府解釈に従ってきたのと、文民条項をめぐる展開とはよく似ている。

九月三〇日の第二回小委員会で牧野英一が「高柳君ノ意見ニ依レバ non-civilian トハ軍人ノコトデハナイ〔「カ」を補う?〕。先方ノ要求ハ将来軍隊ヲ置イタ場合デモ大臣ハ文官ヲ充テルノダト云フダケノ意味デハナイカト云フコトダッタ」と述べ、宮沢は「ソレデアルトスレバ、『軍人は大臣になれない』トスルダケデ宜イガ、果シテ之デ宜イカヲ確メル必要ガアラウ」と応じ、これに対し、小委員長は、午後に金森国務大臣にこの点などを確かめるとし、午後高柳が金森に「civilian ヲ裏カラ『軍人でない者なることを要する。』トスルダケニシテハ如何」と尋ねたのに対し、金森は即答を避けたらしい〔参議院事務局編〔一九九六〕、六、一〇頁〕。

翌日の第三回委員会の午後、金森は「先方ハ、過去ニ於テモ civilian デアッタシ、又現在モ civilian デナケレバナラヌトノ意味デアル」と答えたが、高木八尺は、「先方ノ意向ハ将来軍隊ガ出来テモ軍部大臣ハ文官制ニスルノダト云フ意味デハナイカ」と詰問した〔参議院事務局編〔一九九六〕、二三頁〕。

高木はその日の午前、軍隊のない日本には現役武官はいないのだから「斯ル不必要ナ規定挿入ノ要求ヲ貴族院トシテハ拒ンデ宜イデハナイカ」としたのに対して、織田信恒が「之ヲ拒ムコトニ依ッテ国家ガ大キナ損害ヲ来スヨリモ、此処デ之ヲ呑ンダ方ガ宜クハナイカ」と言い、高木は「之ガ国際的ニサウ大キナ問題トナル筈ハナイ。又之ヲ拒ムコトニ依ッテサウ国家ニ対シテ大キナ損害ヲ来スコトハナイト思フ」〔参議院事務局編［一九九六］、一六～七頁〕と反論していたが、高木は午後になると一転して極東委員会が文民条項を必要としたと思われる理由として再軍備の可能性を挙げたのだ。

午前の高木と織田のやりとりに対して宮沢は「高木君ノ意見ハ一応御尤ダガ、憲法全体ガ自発的ニ出来テ居ルモノデナイ、指令サレテ居ル事実ハヤガテ一般ニ知レルコトト思フ。重大ナコトヲ失ッタ後デ此処デ頑張ッタ所デサウ得ル所ハナク、多少トモ自主性ヲ以テヤッタト云フ自己欺瞞ニスギナイカラ織田子爵ニ大体賛成」〔参議院事務局編［一九九六］、一七頁〕と述べており、昼休みにこの件に関して宮沢は高木に、第九条は前文の平和的生存権に拠るプログラム規定だから再軍備を実定法的に禁じてはおらず、修正第九条は各項で目的を明示したため極東委員会にプログラム規定だと見抜かれたのだろうと述べたのではなかろうか。

いずれにせよ、午後になって高木は午前の見解を捨て、第九条修正によって再軍備が可能になったのに対処すべく極東委員会が文民条項を持ち出したのではないかと考えるようになったことが小委員会で明らかになり、極東委員会やGHQが修正第九条で軍隊を持てると解釈しているという極秘情報を政府が小委員会に伏せているのではないかという疑惑が高まって、「貴族院ノ意向ハ険悪ダト云フコトヲ伝ヘテ撤回シテ貰フ訳ニハ行カヌカ。又〔撤回できないというのなら、再軍備は可能という解釈を極東委員会はとっているのだろうから、civilianの訳語である〕『民人』〔『文民』の誤りか?〕デハイカヌカヲ折衝シテ戴キタイ」と織田、下條康麿、松本学が迫ったため、金森も「文民」で折衝することに同意した〔参議院事務局編［一九九六］、二三頁〕。

金森は第一回小委員会で、衆議院での個々の修正が自発的かGHQの要求によるかを分類した際、「九条　自発的。第Ⅱ項ノ『前項ノ目的』トハ第Ⅰ項ノ『……誠実に希求し』ヲ受ケルカ、又ハ『永久にこれを放棄する』ヲ受ケルカニ付疑惑ガアルガ、私ハ最初カラ前者ト考ヘタ」〔参議院事務局編［一九九六］、二頁〕と述べているように、タン学説を根拠に極東委員会が文民条項を要求してきたらしいというケーディスの発言に関する佐藤達夫の報告を金森は深刻に受け止めてさわりだけ紹介し、吉田も第三回小委員会で、先方の文民条項要求は九条修正と関係するとは言ったが「九条ト如何ナル関係アリヤト質問シタガ答弁出来ナカッタ」〔参議院事務局編［一九九六］、二二頁〕とした。

しかし、九条修正を理由に現役武官でないことを意味するcivilianを大臣の要件とするよう極東委員会は要求しているのだとすれば、修正によって現役武官が存在し得るようになったと彼らは解釈しているに違いないと演繹論理的に推論でき、そういう解釈がありうることを知っている人ならすぐにそうだと見通せるだろう。高木はおそらく宮沢からプログラム規定説による解釈を教えられていたので、そう考えて右の詰問をしたのであろう。

第三回小委員会のあと、高柳、高木らがケーディスらと懇談し、翌朝第四回開会直後の高柳の報告が終わるや否や、宮沢は第三回午前中の高木の主張についてのケーディスらの反応がどうだったのか尋ねている〔参議院事務局編［一九九六］、二五頁〕。懇談のときに高木の主張を直接ケーディスらにぶつけるという段取りになっていたようで、宮沢はその結果を待ちかねていたようであり、その答えから修正第九条のもとで再軍備は可能というGHQや極東委員会の解釈が確認できたと、宮沢は受け取ったはずである。

宮沢の一九四六年度講義を記録した五十嵐ノートによれば、宮沢は第九条第二項の芦田修正について「大した意味はないと思う〔前文前提・プログラム規定説は芦田修正の有無にかかわらず成り立つという意味だろう〕」とし、非武装のままで国連に加盟でき、国連の制裁によって日本の安全は保障されると期待していたかのようだ(61)。

しかし、同年度の芦部ノートでは「『ラッセルの言』と記した後に、『理想は高いが現実に於て空文になりはしないかとの懸念はある』と記されている」〔高見［二〇〇〇］、一九二頁〕(62)。宮沢は、理想に止まり空文に属するかもしれないが国際連合によって日本は保護されると一応解釈するという、七月四日の吉田答弁を意識しているようであり、憲法制定直後の宮沢は、第九条を吉田答弁のごとき前文前提・プログラム規定説で解釈していたことが分かる。

宮沢がその後も第九条をプログラム規定としていたことは、一九四九年に出版された『憲法大意』(63)において、「第一章　序説　第五節 日本憲法の基本原理」のなかで、プログラム規定によって解釈される生存権・社会権を扱う「五二　社会国家」の次に「五三　平和国家」を置いたことから明らかだ。生存権・社会権に関する憲法第二五〜二七条は第九条の直前のほか、「第四章　権利宣言」でも取り上げられているが、第九条は第二章以下では取り上げていない。また五三で第九条の前提として前文の条件一が挙げられている。

以上より、憲法第二章第九条は『憲法大意』において章を立てて扱われるべき条項ではなく、「序説」において、前文に実質的に包摂されるプログラム規定として扱われていることは明らかだ。

朝鮮戦争が始まると、宮沢は「自分一人の問題ならば、いかに不可能とおもわれても、どこまでも高い（?）理想に殉じ、玉砕するのもいいが、実際政治の問題としては、へたな『玉砕』よりはむしろ『瓦全』を目的としなくてはならない。現実に可能なかぎりにおいて、少しでも害の小さいこと――あるいは、少しでも益の大きいこと――を目的としなくてはならない」と、極端に理想主義的な「ラッセルの言」を捨てて現実主義的になり、日本人が国際連合軍に志願兵として参加するのは合憲とする田中耕太郎最高裁長官の見解を支持し、警察予備隊も合憲としつつも、軍国主義の復活を懸念した(64)。

宮沢の変化は、宮沢［一九四九］と宮沢［一九五五］とを比べれば明らかだ。

前者では「ほかの国々が、依然として、軍備をもつているのに、日本だけが全廃してしまつたら、いつたい何によつて国家の生存を維持しようというのか」という疑問に対して、「諸国民の『公正と信義』に信頼をおかないで、どうして、この世界に、国家として生きて行くことが可能であろうか」〔五三〕としているのに対して、後者では、今日〔日本も含む〕すべての国家が多かれ少なかれ保有している軍備は、戦争を防ぐ抑止力(65)として平和維持に役立つか、戦争を引き起こすのに貢献するか、何人も正確には判断できず、また諸国民の公正と信義に信頼するということはサンフランシスコ平和条約において、国際連合の安全保障方式をとるという約束として具体化されており、「日本は、自らは軍備を全廃し、また、世界のすべての国がそれにならうことを最終の理想としている」〔第二章四〕と論ずる。

抑止力として平和維持に貢献しているかもしれない日本の軍備はただちに解消すべき違憲状態ではなく、その全廃は日本だけに限られない普遍的な最終の理想に属すると、プログラム規定説を暗に表明しているようである。第二章四には「日本以外のすべての国家が軍備を持っている現実」という表現もあるが、これは宮沢が保安隊や自衛隊を軍隊・戦力とみなしていることと矛盾し、それらは戦力ではないとする政府解釈に従っていることになり、同様の箇所は他にもあるので、不注意によるミスとは考えられない。
「戦力」の定義に関して相互に矛盾し、両立しない自衛隊違憲説と政府解釈の両説を共に説くとは、両説を刺し違えさせるということであり、㈣でみたように「前項の目的」は「……希求し」だとする多数説（自衛隊違憲）と政府解釈（自衛隊合憲）を無視しているのはその裏付けとなる。

宮沢〔一九五五〕、第二章〔16〕の（八）は、「本条は、世界の平和が軍備によって保障されるという方式をとらず、軍備の全廃が世界平和の根底であるとする理想を狙うもの」としたうえで、日米安全保障条約は、集団安全保障方式の完成に至る過渡的措置として、必ずしも違憲ではないとしている。

ここには、吉田答弁や芦田修正が国際平和団体・平和機構の完成を理想とするプログラム規定として第九条第二項をとらえていたことを忠実に継承し、その理想においては世界平和を維持するための強制力は軍事力というより国際的な警察力になるので軍備は全廃され得るとするような解釈がみられ、日米安全保障条約と全く同じ理由で自衛隊も過渡的措置として必ずしも違憲ではないという結論になることは自明だと、宮沢は言いたいようだ。

日米安保条約は宮沢も賛成する条約優位説など〔宮沢〔一九五五〕、第九八条〔13〕〕でも正当化できるのにそれは宮沢の眼中にないのであり、第九条第二項はプログラム規定だということを宮沢は言いたいのだ。

それではなぜ、宮沢〔一九五五〕はプログラム規定説をストレートに説かなかったのだろうか？　彼は一九五二年には保安隊の設置に反対した(66)。他方、第九条をプログラム規定とほぼ同義と思われる政治的マニフェストとした上で、戦力保持は合憲たりえるとする説が、その約半年後、高柳賢三によって提起された(67)。

英米法学者の高柳は「プログラム規定」というドイツ法学由来の概念を知らないそぶりで「政治的マニフェスト」という概念を提起したので、宮沢は剽窃隠しではないかと疑っただろう。当時『ジュリスト』の編集者は、新憲法の生存権・社会権はプログラム規定であると説いた我妻栄(68)と宮沢の二人であり、もし「政治的マニフェスト」は「プログラム規定」と似ていると指摘して宮沢〔一九四六〕に触れれば、高柳は偶然の一致だと言って喜び、二人を自説の支持者として扱うことになるだろうし、高柳はそうなることを期待して『ジュリスト』を掲載誌に選んだのかもしれない。

宮沢〔一九五二〕は、警察予備隊を上回る保安隊は戦力に当たるとすれば、憲法改正なしに「それを設けることが憲法上許されないということは、おそらくだれもがみとめることであろう」とし、さらに憲法を改正して戦力に該当する保安隊を持つことにも反対している〔三五頁〕。

多数説や政府解釈がＧＨＱ・吉田の密教を覆い隠し、芦田はタン学説に乗り換えたため、第九条第二項は実定的規範だと「〔宮沢自身などごく少数の例外は除く〕だれもがみとめる」ようになってしまっており、それを批判してプログラム規定説によれば保安隊は必ずしも違憲ではないと説けば、保安隊設置賛成派に利することになるが、宮沢は保安隊設置には反対なので、プログラム規定説を表に出すのは得策ではなく、「だれもがみとめること」に依拠した議論をこの時点では展開することにしたと思われる。

したがって、自分のプログラム規定説を剽窃して自分が反対を表明した保安隊にお墨付きを与えようとしたのかもしれない高柳に宮沢は同調できなかったはずだ。

宮沢［一九五五］、第二章（16）の（ホ）で、宮沢は、「憲法の規定をもつて別段の法的意味をもたないとするためには、それだけの根拠が必要であろうが、本条〔第九条〕について、それだけの根拠があるかといえば、とうていそれを見出しがたい」としている。「プログラム規定」と言えば法的意味があるが、そうすると高柳は研究不正を認めることになるので「政治的マニフェスト」と言ったのではないかという疑念がその背景にあるように思われる。

ここで宮沢は、第九条が法的意味を持つ根拠として、不戦条約には法的意味があることを指摘しているが、不戦条約を根拠とできるのは第九条第一項のみであり、第二項はそうではないということは、第二項をプログラム規定としている宮沢自身よく承知していたはずである。高柳はまず第二項を取り上げて政治的マニフェストとした後、「そういえば第九条全体が政治的マニフェストなので、この条文があってもなくても、日本の国際法上の地位が変わるわけがない」〔高柳［一九五三］、五頁〕と勇み足したのを宮沢は見とがめて不戦条約を持ち出したようだが、自衛隊合憲違憲論争で問題となる第二項に関しては同じような立場なのに、それを伏せて揚げ足取り的に批判したことになり、ここからも宮沢の高柳に対する、剽窃疑惑を伴う憤りを読みとることができるのではなかろうか（この段落に相当する内容は、原論文においては分量調節のため削除した）。

ちょうど入江口述のころ、宮沢は自由党憲法調査会で、憲法改正は軍国主義復活につながる恐れがあるので、憲法違反でもまだ改正しない方がよいとこれまで考えてきたと述べており(69)、違憲の保安隊は許されないという宮沢［一九五二］の実定法的論調は表向きのもので、実はプログラム規定説に暗に拠ってきたことが分かる。それに続けて、日米MSA協定に伴う国際的義務が確立したので慎重に改憲を進めるのは止むを得ないというように論じている。宮沢

〔一九五五〕、第二章〔12〕の（ホ）は、ＭＳＡ協定第八条が日本政府に防衛能力の増強などを義務づけていることを、その直後に成立した自衛隊が戦力であることの根拠の一つに挙げている。

仮に自衛隊が第九条第二項に反するとしても、条約優位説などによれば、条約に根拠を持つ自衛隊は違憲とはいえないということになる。また、憲法を盾に国連憲章第四三条の兵力提供義務は履行できないとする第二章四は条約優位説などと矛盾するので誤りである。宮沢が認めないタン学説を除いても、プログラム規定説と条約による要請という二通りのやり方で自衛隊違憲説を論破できるにもかかわらず、不必要な改憲を宮沢が考慮したのはなぜだろうか？

宮沢著・芦部補訂〔一九七八〕の「全訂版はしがき」（宮沢著、執筆年月不明）には「憲法を裏からもぐるよりは、ほんとうに改正の必要な点があれば、表からその改正を唱えるほうがいい」とある。ＧＨＱ草案が非武装条項を前文と第八条に分割して第八条を無前提の実定法規範であるかのように目立たせたことは、極東委員会や非武装条約を介したソ連の影響力拡大を回避するために必要だったと思われるが、第九条を「裏からもぐる」総本家であり、当時からほとんどの人は気付かないものだったプログラム規定密教を誰にでも分かるよう顕教化するような改正はぜひとも必要と考えるようになっていたのであろう。

民主主義の根本である憲法の重要な条項は誰にでも分かる平易な表現でなければならず、手の込んだ解釈は望ましくないので、これは最優先されるべき目標であろう。

しかし、高柳の政治的マニフェスト説は改憲せずに保安隊・自衛隊を合憲化できるという「もぐり」を売りとして提唱されたものであり、プログラム規定説は憲法調査会長高柳に乗っ取られ「政治的マニフェスト説」と改名させられて

「もぐり」に使われているため宮沢の望む憲法改正は高柳の目の黒いうちは実現不可能になった。

「戦力」の定義をいじる政府解釈も、同じ解釈方法から導かれる多様な結論のなかでは最も説得力が劣るタン学説も、迂回的な条約優位説なども、みんな「もぐり」であり、消去法で残るのは自衛隊を違憲とする単純明快な非武装論だけなので、宮沢はそれに当面加担することが民主主義擁護の正道だと判断し、それが非現実的なために行き詰まるなどして自分の望むような非軍国主義的・民主主義的な改憲の機運が高まるのを待つことにしたのではなかろうか?

『ジュリスト』共同編集者である我妻と宮沢が高柳会長を頂く憲法調査会への参加を断り、それに対抗する憲法問題研究会の相棒役となった〔高見［二〇〇〇］、四〇四、四〇〇頁〕のは、高柳との確執抜きには理解できない。憲法問題研究会に参加したため宮沢は非武装護憲派だと誤解されがちだが、一貫して第九条プログラム規定説を主張して自衛隊や日米安保を容認し、新憲法改正についても「修正したほうがいいと思われる点もあります。しかし、現在有力に唱えられているような方向への憲法改正には賛成できません」〔宮沢［一九六八］、一七四頁〕と言うように、改憲派に属していた。

宮沢は第一回科学者京都会議で、従来の第九条支持論は冷戦の深刻化に由来する再軍備論に対しては不十分だとした上で、ラッセル・アインシュタイン宣言を引用しつつ核時代における人間の普遍的モラルとして第九条を意義づけるべきだとしており(70)、その直後に朝永振一郎が高柳の政治的マニフェスト説について宮沢に質問したのは、両者の主張の類似をふまえていると思われる。朝永は高柳の参加を望んでいたのかもしれないが、そうだとしても高柳は宮沢や我妻のいる科学者京都会議に参加する気にはなれなかったのではなかろうか。

(六) 高柳の死と宮沢の再提唱

高柳は一九六七年に八〇歳で死去し、宮沢は高柳に気兼ねすることなく、自分流の第九条プログラム規定説を展開することができるようになった。一九六九年三月二五日に、「憲法二十年」という副題を持つ上中下三巻からなる評論論文集を出版し、その上巻(71)である宮沢［一九六九a］の巻頭論文に「憲法改正について」を置いたことからも、宮沢が自分の戦後思想の原点としてこの論文を大切にしてきたことが窺える。内容的には中巻(72)に収めるのにふさわしいはずなのに、あえて上の巻頭に置いている。

憲法が制定されて二三年目なのにあえて二〇年としたのにも理由があるはずだ。大先輩が強引に養子とし、改姓して育てた子が、養父の死後ようやく戻ってきたが、既に二〇歳を過ぎていたという風に譬えることができるとすれば、この論文が発表されたのと同じ三月に出版されているので、可愛い子の成人を遅ればせながら誕生日に祝い、元の姓に戻して披露するという趣旨かと思われる。彼自身、その年の三月六日に満七〇歳を迎え、一九七〇年日本人男性の平均寿命六九・八四歳を超えており、長寿の高柳より生き長らえて我が子を取り戻せたことを喜び、その子の将来に希望を託す気持だと思われる。

その翌年、宮沢の戦後平和主義の一つの源流であった*Which Way to Peace?*の著者ラッセルも死去し、追悼講演で、宮沢は終戦直後には心酔したラッセルの*Which Way to Peace?*のような立場を「敗北主義」と形容して独裁を招くおそれがあると批判し、第二次世界大戦の勃発に際してラッセルが前言を翻してヒトラーと断固戦うべきだと力説したことを、共産党を含む左右の急進政党を非合法化した戦後の西ドイツと同様の「戦う民主主義」として評価している(73)。

宮沢は朝鮮戦争における国際連合軍の役割を肯定して日本人の義勇兵としての参加を合憲とし、熱情的・独断的な再軍備肯定論者、再軍備反対論者はいずれもファッショ的だと批判し〔宮沢［一九五二］、一二頁〕、マルクスを「独断的・信念的」と批判した〔毎日新聞社編［一九六八］、一七四頁〕。このように、宮沢は左右の全体主義と戦う民主主義の立場を堅持してきたのであり、マルクス主義色の強い戦後日本の非武装中立論とは相容れない。

毎日新聞社編［一九六八］で宮沢は「憲法改正について」がGHQ草案に由来しているという説を否定していなかったが、「憲法改正について」を再録した宮沢［一九六九a］ではそのことを「はしがき」三頁で否定している。憲法改正賛成派の多くがGHQによる押し付けを問題視しているので、自らの見解をGHQの意向とは独立のものとして提示し、前文前提・プログラム規定として第九条を明確にするという改憲案に対して彼らの支持をとりつけようというような目論見がその背後にあったように思われる。

しかし、㈠㈡でみたように第九条の立法趣旨は日本の対ソ・対共産主義安全保障であるという点で昭和天皇とマッカーサーは一致していた以上、それに関して押し付けなどと批判することはできないだろう。

貴族院では、山田三良らが天皇の権能にもう少し色をつける修正を計画し、高柳がGHQと交渉して内諾を得たが、金森の反対で頓挫したと、宮沢は述べている〔毎日新聞社編［一九六八］、一七一頁〕。山田は一九四六年六月二二日の貴族院本会議などで天皇を元首（外国に対して国家を代表する者）と規定すべきだと主張しており、貴族院第四回小委員会の午後、山田は高柳と共同で第七条の八号と九号（天皇の国事行為のうち、外交に関すること）などの修正を提案した。

その審議のなかで、山田は、ＧＨＱが「一月モカカッテ米本国、『ソ』、英、華ノ了解ヲ得タ上デ、『修正シテモ宜イ』ト云フコトニナッタノデアル」と述べたが、さらに、政府との交渉において「首相ハ同意ダガ、表向ニ賛成スルトハ云ッテ居ナイ。金森国務相ハ原案修正ニハ総テ反対シテイル」〔参議院事務局編［一九九六］、三〇頁〕と述べると、誰もこの件について話題にしなくなり、採決対象から外された後で山田は修正案を正式に述べている〔参議院事務局編［一九九六］、三二頁〕。「文民」を政府に受け入れさせたあとだけに、第七条修正には金森が徹底抗戦すると予想されたから、第七条修正案は立ち消えになったのだろう。宮沢が「私は金森さんの態度を支持しました」〔毎日新聞社編［一九六八］、一七一頁〕と語っているのは、このような文脈でのことであり、宮沢は第七条修正に反対の意思を表明してはいない。

このように、ＧＨＱや吉田首相だけでなくソ連すらも内諾している修正を金森が阻止するということが、いわゆる象徴天皇制を巡って起こっていた。

宮沢は従来、新憲法を「マッカーサー憲法」〔宮沢［一九五二］、二八頁〕と呼んでＧＨＱの押し付けを強調してきたが、ここで象徴天皇制が金森の押し付けであると指摘したのは、ＧＨＱ草案の影響を受けたと指摘されている「憲法改正について」のプログラム規定説に沿うような新憲法改正を進めるためには、非武装規定だけでなく天皇規定についてもＧＨＱの要求は穏健なもので、それを超えた部分は金森の押し付けだということを指摘する必要があると考えたからかもしれない。

しかし、象徴天皇制は金森の押し付けだという宮沢の指摘はほとんど反響を呼ぶことがなかったので、宮沢［一九六九

a］においては「憲法改正について」へのＧＨＱ草案の影響を否認するという軌道修正に至ったのではなかろうか。いずれにせよ、宮沢［一九六九ａ］に再録されることで、「憲法改正について」は「日本国憲法改正について」という意味をも担ったのであり、憲法改正への展望が開けてきた今日、ようやくその真価を発揮すべき時節が到来しつつあるように思われる。

2　戦後日本における非武装戦略のゲーム理論的分析

(一)　集団安全保障の効果

2節以下では、侵略戦争放棄を定めた第九条第一項を守る日本にとって国際平和という目的に対する手段として非武装と武装のいずれが好ましいかを、種々な状況のもとでゲーム理論によって検討する。

集団安全保障がうまく働かない場合、日本＝Ｊにいずれかの外国＝Ｆが、軍事力を背景に威嚇し、あるいは実際に攻撃するといった敵対的態度をとるとどうなるかを考えてみよう。

Ｆが友好的である場合、Ｊは武装していれば利得は1、非武装ならば軍事費がかからないので利得は2であるとしよう。Ｆはいずれの場合も利得1を得るとしよう。

Ｆが敵対的である場合、Ｊは武装していれば-1だが、武装していなければ交渉力が弱かったり一方的に攻撃されるだけなので-2であるとしよう。Ｆの利得は、Ｊが武装していれば友好的である場合よりも悪い-1だが、Ｊが非武装であれば2を得られるとする。

Ｊの武装か非武装かの選択は、現状から変更するのに時間がかかるのに対し、Ｆの友好か敵対かの選択は、Ｊの政策変更に応じてほぼ瞬時に対応できる。したがって、Ｊが先手、Ｆが後手のゲームを考えるのがよいだろう。そうすると、Ｊが武装を選べばＦは友好を選んでＪの利得は１、Ｊが非武装を選べばＦは敵対を選んでＪの利得は-2となるので、Ｊは武装を選ぶ。

次に、集団安全保障が有効な理想的ケースについてみてみよう。非武装でも集団安全保障に何らかの負担はするが、独自の武装をするよりは安価で済むとし、Ｊの非武装の利得は武装の利得より１だけ大きいとする。Ｆが友好的な場合には、両国の利得は**表1**と同じであるとしよう。Ｆが敵対的である場合、集団安全保障によってＦは制裁を受けるので、Ｊが武装していようがいまいが利得は-2となり、またＪの利得は武装していれば０、非武装ならば１とする。

Ｊが武装している場合、Ｆは友好ならば１、敵対ならば-2なので、友好を選び、非武装の場合も同様であるから、Ｊの選択の如何にかかわらずＦは友好的である。Ｆが友好的な場合Ｊは武装していれば１、非武装ならば２なので、非武装を選ぶ。

㈡　冷戦・序――山川均の日本真空化論

冷戦の深刻化とともに、**表2**のような状況から表１のような状況に変わったと、誰もが思ったとすれば、自衛隊や安保を違憲とし、非武装を是とするような意見が

J＼F	友好	敵対
武装	1，1	－1，－1
非武装	2，1	－2，2

表１　通常のケース

J＼F	友好	敵対
武装	1，1	0，－2
非武装	2，1	1，－2

表２　集団安全保障が有効なケース

有力になるはずはなかったと思われる。つまり、冷戦期の状況は表1のようなものではないという認識が、非武装論に与する人たちの多くには存在したと思われる。

労農派マルクス主義の最高理論家として戦後も社会党左派を導いた山川均は、コミンテルンの日本革命運動への干渉を経験したため、ソ連の体制は民主主義ではなく全体主義で、ソ連主導の革命運動も侵略的なものであると見抜いていた。彼はマルクス主義者の中では世界ではじめて非武装中立を唱えたが、「平和憲法の擁護」(74)の、朝鮮戦争のさなかである一九五一年三月二日の日付けを記した部分で、共産圏のソ連や中共が日本を侵略する可能性を認めながらも、国連による安全保障で非武装を維持しうると論じ(75)、民主主義を守るために再軍備に反対している。

彼は、民主主義が保たれる保証があれば、国連の安全保障に頼れるとしても、国連の活動における軍事上の義務を果たすためなどの必要があるので、再軍備に無条件に反対はしないとも主張している。山川は国連の安全保障への楽観と、再軍備は民主主義喪失をもたらすという悲観から、再軍備反対を唱えたのであって、第九条を絶対守るべきだなどとは主張しておらず、これら楽観と悲観をとらなければ再軍備すべきだということになる。

一九五〇年代半ばに山川は、当時唱えていた非武装中立も絶対的なものではなく、状況が変われば反米親ソにも反ソ親米にも変わり得ると明言していた(76)。しかし、アメリカの核抑止力に頼るには、もしソ連が日本を核攻撃すればアメリカが日本に代わってソ連かその同盟国に報復核攻撃するとソ連が信じなければならず、そのためには日米関係は強固で安定的でなければならないし、米ソを逆にしても同様だ。

ヨーロッパや東アジアのように米ソの勢力争いに直面する地域では二大超大国の間を右往左往するような国はその内部が親米親ソの両勢力によって分裂して両勢力が拮抗しがちであり、国民党が台湾に逃げ出すまでの中国、朝鮮や南ベトナムのような内戦に米ソが直接間接介入するという悲惨な状態になりやすい。

これらの地域ではいずれも日本の敗戦と同時に力の真空が生じ、それを埋めるべく対立する国内勢力が米ソそれぞれと結んで内戦に陥ったのであり、米ソが両側から枢軸国を攻めて分け合い鉄のカーテンができて冷戦になったヨーロッパとアジアは根本的に異なる(77)。日本はソ連が本土に侵攻する前に急いで降伏し、米軍を本土全体に受け入れて本土以外は放棄したから平和を享受できた(78)が、その結果アジアに生じた真空が内戦の火種になった。

冷戦とは戦乱の局外にあったヨーロッパ・日本などからする見方に過ぎず、山川の提案した政策はいずれも、日本を真空化し、朝鮮・ベトナムのように内戦とそれへの米ソの介入を引き起こしかねないようなリスクを伴うものだった。

(三) 冷戦・破──割れる国論

共産圏はアメリカよりも民主的・平和主義的であると信じ、ソ連に警戒心を抱かなかった人々にとって、冷戦期日本の置かれていた状況は、次のようなゲームで表されるだろう。

表3では、日本＝Jとゲームをする相手をC（ソ連）とする。Cが友好的である場合の利得は、表1の通常の場合と区別する必要はないだろう。Cが敵対的な場合につ

J＼C	友好	敵対
武装	1，1	−3，−1
非武装	2，1	−3，0

表３　冷戦期の日本親Ｃ派

J＼C	友好	敵対
武装	1，1	−3，−1
非武装	2，1	−3，3

表４　冷戦期の日本非親Ｃ派

いては、シベリア抑留の経験もあってソ連が敵国に過酷であるという認識が親ソ派も含めて日本人に共有されており、Cが敵対的態度をとるとJに莫大な損害が発生すると認識されていたと考え、-3とした。

Jが非武装のとき、Cの利得は友好ならば1だが敵対ならば0とする。つまり、アメリカと組んでソ連に対抗するようなことをしない証として非武装にすれば、敵対してJから搾取するような不義理なことをソ連はしないと予想されているわけだ。社会主義イコール平和主義というような、帝国主義論から単純に導かれた予想はこのようなものであろう。しかし、山川も認識していていたようにロシア革命以降共産圏はナチスと同類の全体主義であり、史上類例のない規模と残虐さのジェノサイドが鉄のカーテンの向こうで起こっていた(79)。

山川が一九五八年に亡くなったのちの社会党左派が次第に非武装と反安保とを硬直的に主張するようになった背景には、表3のような、事実に反する状況認識があったと思われる。山川の跡を襲って社会党左派を指導した向坂逸郎は、一九六〇年代後半から親ソ的となってソ連のチェコスロバキア侵攻やアフガニスタン侵攻を支持し(80)、「現在の体制、つまり社会主義政権でない間は非武装でゆくべきだ」(81)と述べてプロレタリア独裁のもとでの再軍備の可能性を認め(82)、言論・表現の自由を否定した。

ソ連共産党は悪くないということを公理とするような論法を採った向坂は、仮にソ連が日本に侵攻しても不当な侵略とはみなさず、友好的な解放軍として歓迎したことだろう。このような社会党左派にソ連は資金を提供し、護憲・平和運動を教唆・支援した(83)。第九条の立法趣旨は対ソ・対共産主義安全保障だったのだから、このような左翼的護憲運動は第九条を正反対のものに変えるという、極端な解釈改憲を伴うものだった。

Jが非武装のときにCが敵対すれば、親C派でない人は非武装に乗じてCがJを支配すると予想するだろう。無抵抗な相手を支配する利得は大きく、非武装×敵対のCの利得は3とする。**表4**は、表3とは非武装×敵対におけるCの利得だけが違い、Jが非武装ならCは敵対を選ぶが、Jが武装すればCは友好を選ぶので、非親C派はJの武装をよしとするだろう。

(四) 冷戦・急――集団的自衛権違憲論で安保ただ乗り

一九六〇年三月三一日の岸首相答弁は集団的自衛権の一部を合憲たりうるとしていたが、第一次田中角栄内閣は一九七二年一〇月一四日参議院決算委員会提出資料でそれを否定し、集団的自衛権を例外なく違憲とした(84)。一九七一年八月のドル・ショックに象徴されるようにアメリカの経済力後退が深刻化した時期にあたり、一九七二年五月の沖縄返還に伴ってアメリカが日本に対して東アジアの安全保障に関する協力を求める傾向が今後増えるであろうことに備え、憲法を盾にできる限り安保ただ乗りを継続しようということが、集団的自衛権を違憲とするということのときの政府解釈変更の目的の一つであろう。

日本への事前の断りもなしに米中接近が進んで日本の対米不信を買うなど日米同盟関係が弛緩し、一九七二年二月のニクソン訪中や同年五月の米ソ第一次戦略兵器制限条約やABM制限条約の調印でデタントが始まり、安全保障上差し迫った危機感が後退した時期であったため、集団的自衛権違憲論を政府は安心して採用できたと思われる。

田中首相は一九七二年一〇月六日に「平和時の防衛力の限界」を明らかにするよう指示し、翌年二月一日には防衛費をGNPの一%以内とすることを含む「平和時の防衛力」が表明された[85]が、その背景も同様であろう。

政府が採用した集団的自衛権の定義は、世界では一般的な援助説（他国防衛説）ではなく自国防衛説（個別的自衛権合理的拡大説）である[86]が、日米安保も含めてアメリカの諸活動を日本政府は援助説によって合法とし、多くの場合全面的に支持していることと矛盾する。

一九八一年五月二九日の答弁書は、一九七二年一〇月の政府解釈を確認した〔鈴木［二〇一一］、四〇頁〕。その月には、鈴木善幸首相が七、八日のレーガン大統領との会談後、記者会見で日米関係は軍事同盟ではないと発言して宮沢喜一官房長官も同調したが伊東正義外相は反対して辞任し、一八日には非核三原則に反して米軍が日本に核兵器を持ち込んだとライシャワー元駐日大使が認めた。

一九七八年にはじまる在日米軍駐留経費の思いやり予算が急増したにもかかわらず、一九七九年のアフガニスタン侵攻以降、アメリカは日本の防衛費増額を望み、ただ乗り批判を強めたが、アフガニスタンにソ連の矛先が向いて泥沼に陥ったため、日本にとってのソ連の脅威は著しく低下したし、改革・開放政策によって市場経済体制への移行をめざしはじめた中国は日本との平和友好を求めたため、自国中心かつ短期的にみれば安全保障環境が著しく好転した日本は防衛費増額に消極的になった。今日から見て、田中・鈴木両首相の安全保障思想は短期的・自国中心的に過ぎたのではなかろうか？[87]

体力の落ちたソ連の財政破綻と体制崩壊を目標に、アメリカは一九八三年からスターウォーズ計画などで財政支出を増加させたが、日本はただ乗り志向を強めて米国債を買う高利貸しになった。日本などからの借金でソ連を圧倒したアメリカも双子の赤字に苦しみ、一九八五年ころには日米経済力の逆転とも言われるような状況が生じ、ジャパンバッシング・日米貿易摩擦には、日本のただ乗りを許さず、冷戦終結コストに対する応分の負担を求めるという側面があった。

防衛費をGNPの一％以内にするという一九七三年に提言され一九七六年以来採用されてきた基準は、アメリカの要求に応えて一九八六年一二月に撤廃されたが、一九八七年度から三年連続で、一・〇〇四％、一・〇一三％、一・〇〇六％と僅かに超過しただけであり〔真田〔二〇一〇〕、三三頁グラフ一、三九〜四〇頁〕、日本の冷戦終結コスト払い渋りは明白だろう。

安保ただ乗りの手段として憲法解釈を曲げることは、吉田が自らの本意である前文前提・プログラム規定説を忘れたかのように金森顕教に乗って発言したことに端を発し(88)、長らく日本の経済力強化に貢献してきたが、一九八〇年代半ばに日本経済の繁栄は頂点を極めると同時に、ただ乗り戦略はむしろ高く付くようになってきた。

(五) 冷戦・後――非武装平和主義の共産化と劣化

冷戦後の社会党が一九九三年細川連立内閣に参加したのは、非武装中立の党是を棚上げして自衛隊と日米安保を許容したことを含意し、一九九四年七月、社会党の村山首相は所信表明演説で自衛隊容認・日米安保堅持を明言した。社会党はこの変化の理由を冷戦終結としており、冷戦期ソ連が相手の場合表3だが、ソ連崩壊後のロシアが相手の場合表1になるので、日本は武装すべきで、ロシアの核から日本を守るために日米安保も必要だということになるのだから、彼らの認識を前提とすれば全く合理的な戦略変更であり、権力の座を得んがための変節と非難するのは不当だろう。

このような社会党の変化についてゆけない、教条的非武装平和主義者の受け皿となったのが共産党であった。従来自衛中立を基本政策としてきた共産党は、一九九四年の第二〇回党大会において、理由を示すことなく唐突に、将来にわたる憲法第九条堅持を謳い、非武装中立へと変化した(89)。暴力革命への展望を失った共産党は、教条的非武装平和主義を採用することで、社会党についてゆけない人々を取り込み、共産主義の非人道的暴力性を隠蔽して責任逃れしようとしたのであろう。

安全保障においてアメリカへの一方的依存から脱却する必要性を説く声が、冷戦後、とりわけ中国の経済・軍事大国化とともにしだいに強まり、安倍晋三首相は二〇一四年五月一五日の記者会見で、個別的自衛権の自然な拡張として集団的自衛権を合憲とするような解釈変更を提唱し、国民の理解を得やすいと思われる例として、朝鮮半島有事を想定しつつ、避難する邦人を載せたアメリカ艦船が攻撃を受けた場合に自衛隊が守ることができない現状をあらためるべきだと訴えたが、それに対して『朝日新聞』二〇一四年六月一六日朝刊一面が、米軍による避難邦人の輸送は「最終的に米側に断られた」などと批判した。

この報道を防衛省は翌日の記者会見で否定し、日本報道検証機構のGoHooサイトが六月二四日に「同紙の報道は、こうした近年の日米協力の進展が全くないかのような誤った印象を与えるおそれがある」などと批判し(90)、その後の『朝日新聞』の軌道修正に対して『産経新聞』七月一四日五面が、論点をすり替えているなどと批判した。ちょうどそのころ、「〝架空のシナリオ〟を語る安倍首相」という表題の小見出しを「はしがき」の冒頭に掲げて『朝日新聞』の六月一六日記事とほぼ同趣旨の主張をした岩波新書が発売された(91)。

朝日と岩波が示し合わせたかのようなこの誤報とそれに対する謝罪がなかったことは、八月に『朝日新聞』がその身代わりであるかのように従軍慰安婦を巡る誤報を認めたことと相俟《ま》って、戦後日本左翼的な平和主義の信頼性を著しく傷つけた。

3　結論

非暴力だが徹底して占領政策に非協力不服従を貫くという社会防衛論（市民防衛論）による第九条解釈もあり、それは、ゲーム理論的には、**表5**のように非武装によって相手国の敵対を抑止し、友好を引き出そうとしているのだろう。

Jが武装している場合、Fは敵対すれば-1、友好的にすれば1であるから友好を選ぶというように、Jの武装は抑止力を伴っている。Jが非武装の場合Fが敵対すればJは多大の損害を被るので-4だが、FもJの徹底した非協力によってたいした利得は得られず、それを0とする。非武装のJに対して友好的にすれば、Fはそれよりも高い1を得られる。

したがって、Jの非武装は、敵対した場合Jには大きな犠牲を覚悟の上で非協力を貫く覚悟があるとFが信じるならば、Fをして敵対ではなく友好を選ばせるという抑止力を持つ。武装してもしなくても相手国の友好を確実に引きだせるのなら、安価ですむ非武装のほうが優れている。

J＼F	友好	敵対
武装	1，1	−1，−1
非武装	2，1	−4，0

表5　社会防衛が有効な場合

J＼F	友好	敵対
武装	1，1	−1，−1
非武装＆非協力	2，1	−4，0
非武装＆協力	2，1	0，2

表6　社会防衛が無効な場合

この論法はたとえば無人島を係争相手国に占領される恐れがあるなどの国境争いには適用できない。さらに、大規模な侵略に対して非協力が抑止力を持つためには、Ｆが非人道的占領政策をしないことが必要だが、人道的な相手に支配されたなら非協力より協力のほうが自国民の利得は高くなるので社会防衛は支持されないだろうという批判がある(92)。

３行２列の利得表を書き、非武装&敵対されたら非協力×敵対の利得は表５の非武装×敵対と同様（-4，０）、非武装&敵対されたら協力×敵対の利得は（０，２）、Ｆが友好の場合は非武装のなかの二ケースの利得はいずれも（２，１）とすれば、Ｊは無条件に非武装で占領されたら協力を選び、Ｆは敵対を選んで非武装のＪを緩やかに支配する。

Ｊが非武装でＦが敵対する場合、Ｊが非協力から協力に転じればＪの利得は-4から０、Ｆの利得は０から２と、両者ともに改善するのである。

また、武装×敵対と比べても非武装&協力×敵対は両者ともに厚生が改善する。

これは中心国の攻撃を受けたり脅されたりした周辺国が、自主的に、武装していればそれを解除して恭順するというような事態の背景にある利得行列と言える。一九八九年のパナマ国民の大半にとって、ノリエガ独裁下で武装するより対米従属非武装が望ましかったとすれば、それに近いだろう。

「非武装」を「非核武装」と読み換えれば、核兵器保有国の傘に非保有国が入ることも同様に解釈できる。アメリカの原爆投下直後にソ連が参戦したので、ソ連から本土を守るために終戦を急いで米軍を受け入れて武装解除し、その核の傘に入った日本の選択も大略そういう風に解釈できる。その場合非武装&非協力は一億玉砕に近い。

また、表５に従うとしても、非武装のＪに対してＦが実際に敵対してきたら、非武装よりも武装のほうがＪの利得は高いので、非武装に抑止力があるなどというデマに惑わされず武装しておけばよかったとJは後悔することになり、社会防衛を主導してきた政治勢力は国民の支持を失ってFとの協力を進める政権ができそうだ。

また、経済面でもF側との非協力が破られ闇取引が横行しそうであり、実際の利得はたとえば（-2，2）になるとしよう。それを正しい予想とすれば、非武装に実は抑止力はなかったということになり、社会防衛を主導してきた政治勢力に対する国民の信頼はさらに失われる。

Fによる威嚇・攻撃が実際に発生しても揺るがず、たとえ占領されてもF側が望む自由な経済取引をJ側の大多数の人々が多くの場合に拒み続けるほど強固な社会防衛体制の構築をめざすことは、Jの自由主義的国内政治経済体制と両立可能であろうか？

非武装への実行可能な道の一つは、寄らば大樹の陰と大国に従属してその庇護にすがることであり、占領下の日本国民が第九条顕教を歓迎したのも、親ソ派が非武装中立を唱えたのも、その例と言えるが、大国がただ乗りを許容する限りにおいて可能であるし、大国の奴隷となるリスクも伴っている。

したがって、国際連合の集団安全保障や地域安全保障を強化し、より完全な国際平和団体の確立をめざすのと並行して、自国および自国と緊張関係にある外国が相互に軍縮を進めるということ以外、奴隷になることなく非武装という理想に近づく道はありえないだろう。第九条はその際日本が積極的な役割を果たすと宣言しているものと解釈すべきである(93)。

追記

三石善吉筑波大学名誉教授・筑波学院大学前学長のご教示によれば、タン学説を唱えたタン博士の漢字姓名と略歴は「譚紹華、中国の官人（役人）：広東（省）台山（市）、一八九七年生まれ。上海大学卒、渡米してシカゴ大学大学院を哲学博士の学位と共に修了。上海大学の政治学の教授。一九二八～三三条約委員会、外務省の専門委員。一九三四年六月外務省の上級書記官（現在も）：住所は南京の外務省」（『中国名人録　第四巻　WHO'S WHO IN CHINA Volume 4』龍渓書舎、一九七三年編集復刻版［原書は、上海、The China Weekly Review社刊5th ed.とそのsuppl.［一九四〇］二九五頁、三石訳）とあり、三石氏の台湾在住のお弟子さんが調べたところ、戦後は蔣介石と台湾に渡り、メキシコとブラジルの全権公使を勤めたが、没年は不明だそうである。

草稿段階のこの論文をもとに、二〇一四年九月二八日と二〇一五年一月二五日の二回にわたって、水戸市内原中央公民館で開催された歴史文化研究会主催の研究会において報告し、三石氏を含むご参加の諸学兄から貴重なご意見を賜った。記して謝意を表したい。

［注］

（1）http://www.digital.archives.go.jp/DAS/meta/DGDetail_0000000006, 二〇一四年八月二九日閲覧。

（2）William A. Harriman & Elie Abel (1975) *Special Envoy to Churchill and Stalin 1941-1946*. Random House, p.537, 542.

（3）三輪隆［一九九八］「日本非武装化条約構想とマッカーサー・ノート第二項」『埼玉大学紀要　教育学部（人文・社会科学編）』47（1）、五五頁、同著［二〇〇七］「一九四五～四六年の憲法改革過程における非武装条項導入の背景」『総合研究機構研究プロジェクト研究成果報告書』5, http://sucra.saitama-u.ac.jp/modules/xoonips/download.php/KP18A06-474.pdf?file_id=1652, 二〇一四年一一月三日閲覧。

(4) マッカーサーは一九四六年一月二五日にアメリカ統合参謀本部に天皇の戦争犯罪の証拠はないと報告するとともに、天皇を起訴すれば日本の情勢は混乱し、共産主義が台頭すると警告したように、日本をソ連から守るために天皇制が必要だとしていた〔http://www.ndl.go.jp/constitution/shiryo/03/064shoshi.html, 二〇一四年一一月二一日閲覧〕。マッカーサーは一九四八年の大統領選挙への出馬をめざし、選挙民にアピールする占領実績作りとして憲法改革を急いだという点を三輪〔一九九八〕は重視しているが、本国政府の対ソ政策に対する不満や不信は、自ら大統領にならなければならないという使命感を育み正当化するし、もし彼が本国政府の意向に従ってソ連の占領軍への参加を容認すれば、ベルリンと対照的に東京の一部が共産圏の飛び地になり、北海道もソ連の管轄下に入ることが当然予想され、占領実績が台無しになるだけでなく、ソ連の東アジア侵略を許した責任の多くも彼に帰せられ、大統領選に決定的に不利に働くと恐れたはずでもあるから、マッカーサーの大統領志望とソ連への警戒心とは一体になっていたと考えられる。

(5) 豊下楢彦〔二〇〇八〕『昭和天皇・マッカーサー会見』岩波現代文庫、九七～一〇一頁。

(6) http://www.ndl.go.jp/constitution/shiryo/03/072/072_002l.html, 二〇一四年九月一〇日閲覧。イタリック体指定、和訳は平山。

(7) 鈴木昭典〔一九九五〕『日本国憲法を生んだ密室の九日間』創元社、二七八頁。

(8) *Alfred Hussey Papers*, Constitution File No. 1, Doc. No. 8, http://www.ndl.go.jp/constitution/shiryo/03/147/147_002l.html, 二〇一四年九月一日閲覧。

(9) http://www.ndl.go.jp/constitution/shiryo/03/076a_e/076a_e007l.html, http://www.ndl.go.jp/constitution/

shiryo/03/076/076_007l.html（外務省訳）二〇一四年九月一三日閲覧。

(10) Record of Events on 13 February 1946 when Proposed New Constitution for Japan was Submitted to the Prime Minister, Mr. Yoshida, in Behalf of the Supreme Commander. *Alfred Hussey Papers*, Constitution File No. 1, Doc. No. 14, p.3,「二月十三日会見記略」『東京大学法学部法制史資料室松本文書』一〜二頁。いずれも、http://www.ndl.go.jp/constitution/shiryo/03/077shoshi.html, 二〇一四年一二月三日閲覧。

(11) 引用文中の〔〕内は平山による注記。

(12) 高柳賢三・大友一郎・田中英夫編著［一九七二］『日本国憲法制定の過程――連合国総司令部側の記録による Ⅰ 原文と翻訳』有斐閣、三九二〜四頁。

(13) http://www.ndl.go.jp/constitution/shiryo/03/102_011l.html, 二〇一四年九月一三日閲覧、平山訳。翌日の『朝日新聞』の一面では上記の趣旨が分かるが、同日の『毎日新聞』の一面では「日本が戦争の抛棄を最高の権利とするこの憲法によつてこれを一方的に果たさんと提言する」云々と誤訳されている。

(14) 波多野澄雄［二〇一四］「国体護持と八月革命――戦後日本の平和主義の生成」『国際日本研究』六、一五頁。

(15) 高見勝利［二〇〇四］『芦部憲法学を読む――統治機構論』有斐閣、四六六〜八九頁のいう「憲法事実」。

(16) http://www.ndl.go.jp/constitution/shiryo/03/101/101_006l.html ,取消線部分削除、（）内加筆、二〇一四年九月一〇日閲覧。

(17) http://www.ndl.go.jp/constitution/shiryo/03/093a_e/093a_e005l.html, 二〇一四年九月一七日閲覧。

(18) http://www.ndl.go.jp/constitution/shiryo/03/100shoshi.html, 二〇一四年九月九日閲覧。

(19) http://www.ndl.go.jp/constitution/shiryo/04/118/118_030l.html, 30-31/235, 二〇一四年九月七日閲覧。

(20) 入江俊郎「枢密院委員会記録」第四回、一九四六年五月六日、http://www.ndl.go.jp/constitution/shiryo/04/111_1/111_1_040l.html, 二〇一四年九月九日閲覧。

(21) 『官報号外　昭和二一年六月二九日　第九十回帝国議会衆議院議事速記録』八、一二四～五頁。帝国議会の議事録速記録等は、帝国議会会議録検索システム http://teikokugikai-i.ndl.go.jp で閲覧可。

(22) 『第九十回帝国議会衆議院帝国憲法改正案委員会議事録（速記）』五、六〇頁。

(23) 中部日本新聞社編［一九五四］『日本憲法の分析――改正か擁護か』黎明書房、八四～五頁、西修［二〇〇四］『日本国憲法成立過程の研究』成文堂、二七七～八頁、山田邦夫［二〇〇六］『自衛権の論点（シリーズ憲法の論点⑫）』国立国会図書館調査及び立法考査局、http://www.ndl.go.jp/jp/diet/publication/document/2006/200605.pdf, 二〇一四年七月一〇日閲覧、一三頁注16。これらとほぼ同趣旨の内容は六月二六日の答弁にもみられる（『官報号外　昭和二一年六月二七日第九十回帝国議会衆議院議事速記録』六、八一～二頁）が、これも、「第九条第二項ニ於テ一切ノ軍備ト国ノ交戦権ヲ認メナイ結果、自衛権ノ発動トシテノ戦争モ、又交戦権モ抛棄シタモノデアリマス」に続く文章における平和国際団体への吉田の言及は無視され、無条件に自衛のための軍備や交戦のみならず自衛戦争も認めないものとされてきた（山田［二〇〇六］、一二～三頁）。

(24) 『第九十回帝国議会衆議院帝国憲法改正案委員会議事録（速記）』五、六〇頁。

(25) 『第九十回帝国議会衆議院帝国憲法改正案委員会議事録（速記）』一三、二二七頁。

(26) 『第九十回帝国議会貴族院帝国憲法改正案委員会議事速記録』五、二頁。

(27) 衆議院事務局編［一九九五］『第九十回帝国議会衆議院憲法改正案委員小委員会速記録』衆議院事務局、八五頁。

(28) 『官報号外　昭和二一年六月二七日　第九十回帝国議会衆議院議事速記録』六、八二頁。

（29）Charles L. Kades (1989) "The American Role in Revising Japan's Imperial Constitution." *Political Science Quarterly* 104（2）, pp.236-7. 鈴木［一九九五］によれば、両者の会談があったのは「たしか、七月の終わりころ」〔三二六頁〕である。芦田の小委員会での修正提案は七月二九日で、その日に芦田は、本委員会に修正案を出す前にGHQと話し合うべきだと述べており〔衆議院事務局編［一九九五］、八九頁〕、会談はすでに済んでいたかその直後の七月中に行われたようだ。八月だとする『毎日新聞』一九七六年五月三一日掲載のインタビューではケーディスは九月二七日の佐藤との会談と混同しており、小委員会で修正案が決まった八月一日以降に芦田との会談が行われた形跡はない〔佐々木高雄［一九九七］『戦争放棄条項成立の経緯』成文堂、三五八～七〇頁〕。小委員会で第九条修正がまとまるとき、佐藤達夫が芦田に「『こういう形になると、自衛のためには、陸海空軍その他の戦力が保持できるように見えて、司令部あたりでうるさいかも知れませんね。』と耳打ちしたところ、『なに大丈夫さ。』というようなことを言われた」（佐藤［一九九九］、一三七～八頁）ということからして、小委員会で決まる前に芦田はケーディスの了解を得ていたと思われる。なお、鈴木のインタビューによれば、芦田とケーディスの会談を聞いていたハッシーとヒープがホイットニーのもとに確認に行った。ヒープは芦田修正を知って独自にタン学説の解釈に気付いたとされることもある〔高柳賢三［一九六三］『天皇・憲法第九条』有紀書房、七八頁〕が、そうではなく、両項が入れ替わった修正案のもとでの両者のやり取りから修正によって自衛などのために戦力保持が可能になるとハッシーとヒープは感じ、ケーディスが一人で決裁してよいか確認に行ったのである。

（30）佐藤達夫著・佐藤功校訂［一九九四］『日本国憲法成立史 第四巻』有斐閣、九九七～九頁。

（31）村川一郎編著［一九八二］『帝国憲法改正案議事録――枢密院帝国改正案審査委員会議事録』国書刊行会、二一一頁。

（32）Constitution Hearings: Privy Council Committee Sessions (English). *GHQ/SCAP Records*, Box no. 2085 Folder title/number:（13）, 国会図書館請求記号：GS（B）00602.

（33）㈠で引用したＧＨＱ草案第八条をみると、第一項でforever（＝永久ニ）とあり、第二項で戦力、交戦権のいずれについても英語ではeverがforeverとほぼ同義に使われているのは明らかなのに、外務省訳では第二項は「決シテ……無カルヘク（ヘシ）」と、英語のneverの、notよりも強い否定の意味を採ってeverの「永久ニ」という意味合いを消し去っており、さらに三月六日の「憲法改正草案要綱」では「陸海空軍其ノ他ノ戦力ノ保持ハ之ヲ許サズ国ノ交戦権ハ之ヲ認メザルコト」といずれも単なる否定になり、その英訳では〝The maintenance of land, sea, and air forces, as well as other war potential, will never be authorized. The right of belligerency of the state will not be recognized.〟とneverが戦力不保持のみに使われている（http://www.ndl.go.jp/constitution/shiryo/03/093shoshi.html, 二〇一四年一二月一五日閲覧）。日本文では「決して」を欠き、英訳では戦力不保持にのみneverを使うことは現行条文第九条第二項とその英訳〝In order to accomplish the aim of the preceding paragraph, land, sea, and air forces, as well as other war potential, will never be maintained. The right of belligerency of the state will not be recognized.〟（http://www.ndl.go.jp/constitution/e/etc/c01.html, 二〇一四年一二月一六日閲覧）にも受け継がれている。このように、ＧＨＱ草案第二項に二度も登場する、第一項のforeverとほぼ同義のeverに当たる表現が日本文では完全に削除されたのであり、金森のこの発言はその背後にあった並々ならぬ創意工夫と労力とを示唆したものであるし、金森はそのような畢生の大業を骨折り損のくたびれ儲けにするものである、マッカーサー四月五日演説や吉田首相答弁の前文前提的第九条解釈は面白いものではなかったため、独立実定法的第九条解釈をあからさまには否定できないというＧＨＱ・吉田密教の弱点に乗じて握りつぶしたのであろう。

（34）佐藤達夫は金森発言を「改正のことなども考えられる」（佐藤達夫［一九九九］『日本国憲法誕生記』中公文庫、一三七頁）と、改正には及ばない柔軟な解釈による運用の余地を暗示したものと受け取ったようだ。第二項の「戦力」の定義を柔軟に扱うことで自衛のための武力保持を合憲にするという、のちの政府の公式的解釈の方向性は金森の敷いたレールの上にあり〔高柳［一九六三］、八三〜四頁〕、小委員会でのこの金森発言がその発端であろう。

(35) Constitution Hearings: House of Representatives/ The 90th Session of the Imperial Diet/ Minutes of Sub-Committee (English). *GHQ/SCAP Records*, Box no. 2088 Folder title/number: (2)、国会図書館憲政資料室請求記号：GS (B) 635 森清監訳（英訳からの再和訳）・村川一郎・西修訳［一九八三］『憲法改正小委員会秘密議事録――米国公文書公開資料』第一法規。

(36) 衆議院事務局編［一九九五］、一九一頁、傍線と波線は平山。

(37) http://teikokugikai-i.ndl.go.jp. 二〇一四年七月一日閲覧。

(38) http://www.ndl.go.jp/constitution/shiryo/04/118/118_028l.html, 28-30/285, 二〇一四年九月七日閲覧。

(39) 『産経新聞』一九九五年九月三〇日東京朝刊、一、四頁。

(40) 芦田均［一九四六］『新憲法の解釈』ダイヤモンド社、http://kindai.ndl.go.jp/info:ndljp/pid/1045378, 二〇一四年一一月二九日閲覧、三六頁。

(41) 憲法調査会編［一九五七］『憲法調査会総会議事録』七、九一頁。

(42) 西［二〇〇四］、一六七〜八頁、Transcript of Twenty-Seventh Meeting of the Far Eastern Commission, Held in Main Conference Room, 2516 Massachusetts Avenue, N.W., Saturday, September 21, 1946. *Records of the Far Eastern Commission, 1945-1952*, Box No. 7 〝FEC Verbatim Transcript of Meetings 26-33（1946.9.19-1946.11.1）〟<Sheet No. FEC（A）0085>, pp.18-19. http://www.ndl.go.jp/constitution/shiryo/04/126shoshi.html, 二〇一四年九月二一日閲覧。

(43) 佐藤達夫「憲法改正案第一五条及び第六六条の修正に関しケーディス大佐と会談の件　昭和二一年九月二七日　タイプ・カーボン・ペン　一綴」国会図書館（佐藤達夫関係文書目録、A111-68, 201）。

(44) 佐藤［一九九九］、一四一頁。

(45) 佐藤［一九九九］、一三七～九頁。

(46) 高柳は芦田修正以降芦田の第九条解釈は一貫していると誤解していた〔高柳［一九六三］、七八頁〕ので、金森と佐藤が高柳を担いで真相究明を目指したようである。

(47) 古関彰一［二〇〇九］『日本国憲法の誕生』岩波現代文庫、二九八～九頁。

(48) タン学説が極東委員会で提起される一週間ほど前の一九四六年九月一三日に、幣原喜重郎は政府解釈に従って「前項の目的」は「……国際平和を希求し」とし、警察力は戦力ではないとしつつも、前項の目的以外の目的として「国内ノ秩序ヲ保ツトイフコト」を挙げて、芦田修正によれば「警察力ヲ充実スルコトハ差支ナイ」と答弁し〔『第九〇回帝国議会貴族院帝国憲法改正案特別委員会速記録』、二一、二七頁〕、枢密院審査委員会で遠藤源六はさらに踏み込んで、芦田修正の結果「国内治安のためにはある程度の軍隊が置ける」と解釈した〔佐藤達夫著・佐藤功補訂［一九九四］、九九八頁〕。遠藤は五月六日に「内部の問題としては警察のみでは足りぬ。やはりある程度の戦力が必要。故に出来るならそこに制限をつけたい。例へば『国内の治安を保持するに足る以上の』等の規定を入れたい」（http://www.ndl.go.jp/constitution/shiryo/04/111_1/111_1_041l.html, 二〇一四年九月九日閲覧）と主張しており、芦田修正にそういう意味を見出したのだ。芦田修正にはさまざまな立場の人が自分の望む内容を読み込もうとすれば読み込めなくはないところがあることを例証している。そのなかでは、枢密院金森発言要旨の英訳が国際平和維持のためには戦力が持てると解釈したのは、最も自然で合理的なもので、プログラム規定説と言ってよいだろう。

(49) 宮沢俊義［一九五五］『日本国憲法』日本評論社、第二章〔一一〕。

(50) 入江俊郎［一九六〇］『日本国憲法成立の経緯』憲法調査会〔入江俊郎［一九七六］『憲法成立の経緯と憲法上の諸問題―

—入江俊郎論集』第一法規、所収）三八六、三八七頁。

(51) 入江俊郎「第九〇帝国議会衆議院憲法改正小委員会速記録等の抄写　ペン三冊」国会図書館（現代政治史資料目録二　入江俊郎関係文書目録三九）。

(52) 佐々木惣一は一九五一年一月二一日の『朝日新聞』ではじめてタン学説を唱えた（伊崎文彦［二〇〇五］「戦後における佐々木惣一の平和論——『自衛戦争・自衛戦力合憲』論者の平和主義」『市大日本史』九、一〇八～九頁）が、新聞という直前に入稿や訂正が可能な発表媒体なのに、芦田の一週間前の『毎日新聞』論説を無視しており、それを知らずに発表したとは考えにくい。タン→芦田→佐々木という剽窃の連鎖があったと思われる。

(53) 宮沢俊義［一九四六］「憲法改正について」『改造』三月号、二五、二八、二九頁。

(54) 毎日新聞社編［一九六八］『昭和思想史への証言』毎日新聞社、一六九頁。

(55) 宮沢俊義［一九六七］『憲法講話』岩波新書、二〇一～二頁。

(56) 国会図書館（現代政治史資料目録二　入江俊郎関係文書目録四七～三五）。

(57) 『第九十回帝国議会貴族院帝国憲法改正案委員会議事速記録』二四、三頁。

(58) 国会図書館（現代政治史資料目録二　入江俊郎関係文書目録四七～三六）。

(59) 参議院事務局編［一九九六］『第九十回帝国議会貴族院帝国憲法改正案特別委員小委員会筆記要旨』参議院事務局、一一頁。

(60) 参議院事務局編［一九九六］第一回によれば、文民条項要求について、高木八尺が「貴族院ガ政府ノ諒解ノ下ニGHQト話合ヲシテ誤解ノナイヤウニシテハ如何」と述べたのに対して金森が「CLO（終戦連絡中央事務局）ヲ通ジテ委員会トシテデハナクテ、個人的ニナラ宜カラウ」とし（三頁）、牧野英一が「前文中ニ社会的及文化的ナコトヲ追加スル訳ニハ行カナイカ」と問うている〔四頁〕ので、翌九月二九日に高柳が文民条項要求と前文修正に関して個人的にＧＨＱと話し合ったのち、それをふまえて前文字句修正案を作成し、九月三〇日の第二回小委員会に提出したことになる。

(61) 高見勝利［二〇〇〇］『宮沢俊義の憲法学史的研究』有斐閣、一九一～二頁。

(62) 「ラッセルの言」とは、終戦直後の宮沢が再評価し、依拠するようになったBertrand Russell（1936）*Which Way to Peace?*. M. Josephのことである〔高見［二〇〇〇］、一八四～六頁〕。

(63) 宮沢俊義［一九四九］『憲法大意』有斐閣全書（二刷以降は『憲法』）。

(64) 宮沢俊義［一九五〇］「戦争放棄・義勇兵・警察予備隊」『改造』一〇月号、二七、二八～三〇頁。

(65) 宮沢［一九五五］には「抑止力」という言葉はなく、宮沢俊義著・芦部信喜補訂［一九七八］『全訂　日本国憲法』日本評論社で「いわゆる抑止力として」が挿入されている。

(66) 宮沢俊義［一九五二］「憲法改正と再軍備」『世界』五月号、三四～六頁。

(67) 高柳賢三［一九五三］「平和・九条・再軍備」『ジュリスト』二五。

(68) 我妻栄［一九四八］『新憲法と基本的人権』国立書院、一三二～八、二二二～六頁。

(69) 宮沢俊義［一九五四］「憲法改正の是非」『再建』八・九月合併号、四九頁。

(70) 宮沢俊義［一九六二］「日本憲法と世界平和」『世界』八月号、二〇〇～一頁。

(71) 宮沢俊義［一九六九ａ］『憲法と天皇――憲法二十年　上』東京大学出版会。

(72) 宮沢俊義［一九六九ｂ］『平和と人権――憲法二十年　中』東京大学出版会。

(73) 宮沢俊義［一九七〇ａ］「たたかう民主主義者（B. Russell）［ラ卿追悼講演］」『ラッセル協会会報』一六、http://russell-j.com/MIYA-T01.HTM, 二〇一四年一一月二九日閲覧。宮沢俊義［一九七〇ｂ］「たたかう民主主義者」『潮』八月号〔同著〔一九七八〕『憲法論集』有斐閣、所収〕は講演を自身でまとめたものと思われる。

(74) 高畑通敏編〔一九七六〕『近代日本思想大系 一九 山川均集』筑摩書房、所収。

(75) 朝鮮戦争の際、ソ連は安全保障理事会を欠席して韓国支援決議を通過させ、ソ連と気脈を通じている中国（当時国連未加盟の中華人民共和国）が義勇軍を派遣して国連軍と戦うというように、安保理常任理事国同士の事実上の戦争が起こって集団安全保障は機能不全に陥っていたのに、山川は安保理の機能回復を期待していたことになる。執筆当時国連軍が優勢となり、三月一四日にはソウルを再奪回しているように、日本に対する共産圏の差し迫った脅威は薄れつつあった。とはいえ、短期的にめまぐるしく変わる状況に反応し、しかも将来についてのあまりあてにならない希望的観測に依拠しているような山川の非武装論は、状況変化や予想の当否に応じて武装か非武装かという戦略選択を頻繁に変更することは無理だということを忘れた机上の空論だったと評すべきであろう。凶器を持った相手に泥縄は通用せず、縄を編んでいる間に反抗心を示したため殺されかねない。

(76) 米原謙〔二〇〇三〕「日本型社会民主主義の思想——左派理論の形成と展開」、山口二郎・石川真澄編『日本社会党——戦後革新の思想と行動』日本経済評論社、一三頁。

(77) アメリカは周恩来を通じて中共をソ連から切り離し、国共調停統一で中国を自陣営に取り込もうとし、ソ連も国民党に接近したこともあるが、一九五〇年二月に中共がソ連と同盟すると朝鮮半島の力の均衡が崩れて朝鮮戦争になった。ベトナムは一九四六年以降アメリカの撤退まで戦火や火種が絶えることはなく、一九七一年の米中接近は米ソ二極構造を弛緩させた。

(78) 『昭和天皇実録』（二〇一四年九月九日公開）をもとにポツダム宣言受諾の直接の原因はソ連の参戦だったと伊藤之雄は分析している〔http://sankei.jp.msn.com/life/news/140909/imp14090905100002-n2.htm, 二〇一四年九月一五日閲覧〕。マッカーサーが昭和天皇を厚遇したのは、ソ連から守ってくれるよう託身されたと直観した騎士道精神のゆえだろう。このような昭和天皇とマッカーサーの関係が戦後の日米関係を大筋において定めたことは、1節㈠で取り上げた、一九四七年五月六日の二人の会見からも明らかだ。

(79) Stéphane Courtois *et al.* (1997) *Le Livre Noir du Communisme: Crimes, Terreur et Répression.* Robert Laffont, 外川継男訳［二〇〇一］『共産主義黒書――犯罪・テロル・抑圧 ソ連篇』恵雅堂出版、高橋武智訳［二〇〇六］『共産主義黒書――犯罪・テロル・抑圧 コミンテルン・アジア編』恵雅堂出版、平山朝治［二〇〇九］「社会主義の致命的な誤謬とは何か？――非人道性の真実と理論的起源」『平山朝治著作集 第2巻 増補 ホモ・エコノミクスの解体』中央経済社。

(80) http://ja.wikipedia.org/wiki/向坂逸郎, 二〇一四年五月二二日閲覧、和気誠［一九八五］「プロレタリア国際主義」、塚本健編著『向坂逸郎と平和運動』十月社。

(81)『諸君！』一九七七年七月号、二八頁。

(82) 野宮和夫［一九八五］「戦争と平和の問題」塚本編著、三三頁。

(83) 上住充弘［一九九三ａ］「日本社会党左派はソ連共産党の出店だったのか」『中央公論』八月号、上住充弘［一九九三ｂ］「社会党親ソ派は、今どこにいる」『中央公論』一〇月号（これらの著者自身による解説は、http://space.geocities.jp/mitu_fugen/chuko.html, 二〇一五年一月二九日閲覧）。

(84) 鈴木尊紘［二〇一一］「憲法第九条と集団的自衛権――国会答弁から集団的自衛権解釈の変遷を見る」『レファレンス』一一月号、http://www.ndl.go.jp/jp/diet/publication/refer/pdf/073002.pdf, 二〇一四年七月八日閲覧、三八～九頁。

(85) 真田尚剛［二〇一〇］「戦後防衛政策と防衛費」『21世紀デザイン研究』九、http://www.rikkyo.ne.jp/web/z3000268/journalsd/no9/pdf/no9_thesis03.pdf, 二〇一四年九月二二日閲覧、三五頁。

(86) 鈴木［二〇一一］、三四頁、小寺彰ほか編［二〇一一］『講義国際法 第二版』有斐閣、四九七頁。集団的自衛権を巡る最近の論争も世界標準とは異なる定義に基づいた、専ら内向きの議論に終始している観があり、この点を指摘・批判しているのは、維新の党共同代表の江田憲司くらいであろう。江田憲司「シリーズ『集団的自衛権』を考える・・・⑪安倍首相と政府の見解は世界の異端（結いの党見解が通説）」http://www.eda-k.net/column/week/2014/07/20140714a.html, 二〇一四年一〇月九日閲覧。政府の定義に内在的にも欠陥があることについては、本巻二章を参照のこと。

(87) 田中首相は周恩来中国首相の尖閣領有権問題棚上げ提案に合意したとされ、鈴木首相は鄧小平との尖閣問題棚上げ合意をサッチャー英首相に伝えたことが最近明らかになった。棚上げ合意とされることの実質的内容は尖閣諸島に領土問題は存在しないという日本政府の従来の立場と矛盾しないと私は思うが、田中・鈴木両首相が中国の将来について甘く見すぎ、不用意に付け入る隙を作ったということは今日からみて否定し難いようにも思う。

(88) 金森が衆議院小委員会で国連への兵力提供に含みを持たせる密教を漏らしたのに対して、吉田は「戦争は放棄したから〔国際連合軍に〕人は貸せない」〔参議院事務局編［一九九六］、二二頁〕と貴族院小委員会で述べており、憲法を盾とするただ乗り志向は金森より吉田に強くみられるようだ。宮沢は、吉田と異なって朝鮮戦争への日本人義勇兵の参加は憲法上許されるとし、MSA協定遵守のために憲法改正を唱えたように、ただ乗りをよしとせず、世界平和のために日本は積極的にアメリカに協力すべきだと考えていた。

(89) さざ波通信編集部［二〇〇一］「第二一会党大会決議と上田論文」『さざ波通信』一九、「一．社会党の『非武装中立』論に対する無視」http://www.geocities.jp/sazanami_tsushin/sazanami/019/02.html, 著者不明（発表年不明）「宮顕―不破系党中央の防衛論の変遷について」http://www.marino.ne.jp/~rendaico/miyamotoron/miyamotoron_hosoku35.htm, いずれも二〇一四年五月二二日閲覧。

閲覧。

(90)「『邦人救出、米拒む』？…一一年、日米協力加速で合意」http://archive.gohoo.org/alerts/140624/，二〇一四年一二月八日閲覧。

(91) 豊下楢彦・古関彰一［二〇一四］『集団的自衛権と安全保障』岩波新書、七月一八日発売。「はしがき」は豊下著。

(92) 長谷部恭男［二〇〇四］『憲法と平和を問いなおす』ちくま新書、一六五〜六頁。

(93) このような解釈にとって参考になる政策提言として、東京財団・安全保障研究プロジェクト［プロジェクト・リーダー：北岡伸一・田中明彦］［二〇〇八］『新しい日本の安全保障戦略――多層協調的安全保障戦略』東京財団政策研究部(http://www.tkfd.or.jp/files/doc/081008.pdf，二〇一四年七月四日閲覧）を挙げることができる。

（『国際日本研究』第七号、二〇一五年）

あとがき

「三章　日本国憲法の平和主義と、安全保障戦略」で述べた、前文前提・プログラム規定説のアイデアは、東京大学教養学部教養学科第三において筒井若水先生が担当された講義『国際法Ⅱ』の「第八章　紛争の強制的解決」（一九八〇年一～二月）で、国際連合の集団安全保障について学んだ際、それと日本国憲法とが密接に関係しているに違いないと思って、憲法の前文と第九条を読み直しながら頭の中でまとめたものである。

大学院は経済学研究科近代経済学コースに進んだが、このテーマについてレポートをまとめ、村上泰亮、根岸隆、浜田宏一の諸先生に見ていただいた。とくに、法学部ご出身で日本における法と経済学の開拓者でもある浜田先生からは、最近こういうテーマに関心を持つ学生院生が少ないという憂慮とともに、お励ましをいただいた。その後も機会があれば世に問いたいと思いつつも、長らくお蔵入りさせることになった。私の解釈とともに同時代の社会に具体的にどのようにかかわるかについて、明確な方針を下せないということが、その理由だった。

この論文の抜き刷りに添えた文章には、「単に新しい解釈を一つ加えるのは本意ではありませんでしたが、他の解釈がおかしいことをどう論証するかについての見通しが得られず、また、仮に私の解釈が正しいと説得できたとして、従来政府が採用してきた解釈と異なりますので、憲法制定以降一度も改正されることなく運用が積み重ねられ、いわば慣習化してきた規範を破壊するという、ラディカルな副作用を持つのではないかという懸念もあり、その後長らく手をつけずにおりました。しかし、憲法改正手続きが法的に整備され、今後改憲に向けて事態が進展してゆくと予想されるようになり、副作用を恐れる意味はなくなりましたし、現憲法に書かれているような平和主義を、多少なりとも現実性のある理念として再定式化してゆくことは、改正限界説を尊重するならば必要な作業であり、私のような解釈の延長上に改正案を考える意味もあるのではないかと思うようになり、このたび、長い間休眠状態にあったアイデアをまとめてみることにいたしました」と記した。

この問題を再び取り上げる直接のきっかけは、以下のようにして得られた。昨年四月に、筑波大学に赴任した当初よりたいへんお世話になってきた三石善吉先生より、『武器なき戦い「アラブの春」――非暴力のクラウゼヴィッツ、ジーン・シャープの政治思想』（阿吽社）をご恵贈いただいた際、同書の「はじめに」と「終章」6-3を読んだ上で安全保障問題に関するアンケートに回答するようにとの依頼があり、回答とその説明を考えるうちに、ずっと胸襟にしまっておいた私の憲法解釈について再度考え直すことになった。三石先生は、第九条第二項が実定的に戦力・武力保持を禁じているという多数説を前提とした上で議論を展開しておられるので、それを理想や政策目標としてとらえるプログラム規定説と表面的にはかなり違うが、戦力不保持や日米安保解消を直ちに実行することは無謀だということを前提とした上で、段階的に理想に近づく長期的なプログラムが必要だとしておられ、また、国連の集団安全保障の強化の必要性も説いておられるので、私のアイデアと実質的な違いはそれほど大きくはないと思う。三章の論文をまとめる際にも、追記で述べたように、研究発表の場を設定してくださるなど、たいへんお世話になった。

また、三章の論文を読まれたスタンフォード大学の星岳雄教授より、英語版作成を勧められ、星氏のＵＣＳＤ時代の教え子であるティム・シルバー氏に翻訳をお願いすることとなった。星氏らスタンフォード大学の研究者は、五月に

『太平洋戦争終結七〇周年に考える――八人のスタンフォード研究者による終戦の日の談話』（http://aparc.fsi.stanford.edu/sites/default/files/tai_ping_yang_zhan_zheng_zhong_jie_70zhou_nian_nohui_xiang_reduced_1.pdf）を公開されたが、その八人のうち二人の談話は、集団安全保障の完成とともに各国が自前の軍備を持つ必要がなくなるような理想を目標とするという内容を含んでいた。一人は星氏自身で、私の論文の影響を受けたものだが、もう一人のトーマス・フィンガー氏の談話は、私の論文とは独立の見解なので、私の議論がもっともであることを確認するものだと思うと、星氏は仰った。第九条第二項をプログラム規定とする解釈は、日本では忘れ去られて久しいが、英語圏では少なからぬ人がごく自然にそう解釈するらしい。マッカーサー三原則ⅡやGHQ草案がそうだったことを想起すれば、現在の英語圏の人々にとってもそうであることは頷ける。私は国際法の講義が刺激となって、その観点から憲法を読んだので、海外の人々の読み方に近かったのではなかろうか。英語版 *Pacifism in the Constitution of Japan and Strategies of National Security* は終戦の日までに公開するという目標のもとで作業し、シルバー氏の翻訳に私が手を入れたものを再度シルバー氏がネイティブ・チェックする時間的余裕がなくなったので、私との共訳ということにして、国立情報学研究所クラウド上にあるつくばリポジトリで公開した（Permalink: http://hdl.handle.net/2241/00125662）。

この論文の日本語版がインターネットの検索でもヒットするようになったおかげか、本年七月九日に、筑波大学広報室を通して、茨城新聞社報道部の小池忠臣氏より、安全保障関連法案について取材の申し込みがあり、お受けすることにした。私の憲法解釈は、政府解釈変更の是非という点にほぼ絞られている、安全保障関連法案を巡る論争では蚊帳の外に置かれているプログラム規定説を、立法趣旨として再評価するというものであり、プログラム規定説からみた法案の評価を説くことは、一〇〇〇字程度という限られたスペースでは意味がないので、ともかく、イントロダクションで述べたように集団的自衛権容認は政府解釈変更だという巷説は疑わしいとかねてより思っていたこともあり、昨年七月一日の閣議決定の内容を正確に理解して、何を話すか考えようと思って、それまで流し読みしただけだった閣議決定文に改めて目を通してみたところ、これが憲法第九条に関する政府解釈の変更を伴うものだとは読めなかった。しかし、閣議決定に賛成する人々も反対する人々もそれが政府解釈変更を伴うということについては大方の一致をみていた。田原総一朗氏や江田憲司氏など一部には、集団的自衛権容認ではなく個別的自衛権の範囲の拡大ではないかとする議論もあったが、これは集団的自衛権限定容認ならば政府解釈変更になるが、そうではないから政府解釈は変更されていないという主張のようである。私からみてそれらはいずれも、基本的な論点について勘違いしたものであり、第九条の政府解釈を前提として閣議決定文を素直に読めば、同一不変の政府解釈のもとで、安全保障環境の変化によって、集団的自衛権は違憲から限定容認（正確には、集団的自衛権を全面的に禁ずることが違憲）へと変化したという風にしか理解する余地がないことは、明らかだと思った。取材の前日である七月一三日にその点について「日本国憲法と集団的自衛権に関するメモ」（Permalink: http://hdl.handle.net/2241/00125294）をまとめ、関心のありそうな方々にお知らせした。

浜田先生より、大学院時代にお読みいただいたレポートのことを覚えていてくださったようで、昔を思い出して懐かしくお読みいただいた旨、早速にお返事をいただけたことは、私には何よりも嬉しかった。また、私が東京大学教養学部（駒場）助手になったのと同時に筑波大学から駒場に移って来られ、私の筑波大学講師採用人事審査の機会を与えてくださった松原望先生とは、いろいろと議論するなかで、多くの憲法学者たちの第九条を巡る言説は学問というよりアジビラだと、駒場の長尾龍一先生が松原先生にかつて仰ったということを教えてくださった。憲法学者の大多数が安保法を憲法違反だとしているというようなことは、法が不当であることを必ずしも意味せず、憲法学者の大勢に対する隣接分野の大家によるこのような辛辣な評価によって割り引く必要があるということになるだろう。また、筑波大学法科大学院（法曹専攻）長の大石和彦先生から、〝lawyers history〟を捏造しがちな解釈屋の盲点に喝を入れる実証と、私の研究について過分な評価を頂戴したことも、たいへん心強かった。

筑波大学社会学類・同大学院社会科学専攻出身で、博士（経済学）を取得し、『エコノミスト』の編集にもかかわっておられる内田誠吾氏には、『エコノミスト』掲載用の原稿の作成の際、一般向け原稿への改訂の素案作りおいて、盛り込むべき論点の整理や、立法趣旨についての概説を付加して説得力を増すことなど、多岐にわたって、ご助言とご協力をいただいた。このようにして「一章・2　歴史から忘れられた憲法第九条成立の趣旨」は出来上がったのであり、内容的には三章・1の一般読者向け概説だが、内田氏は共著者に準ずると言うべきであると思う。

一章・2は、安全保障関連法案成立前に『エコノミスト』に掲載できるかどうか不確かなこともあり、法案そのものに直接関係する論点には触れないことにしたが、内田氏より、政府解釈変更ではないということが真実だとして、なぜその真実が隠され、誤った説が広まってしまったのかを一般読者は知りたがると指摘され、内部昇進を破って駐フランス大使の小松一郎氏を長官に押し付けられるなど、内閣法制局には政権に対する反発が強いので、法案の憲法上の問題について、ちゃんとした説明をサボタージュしているのではないかという、私の直観的な仮説を述べた。

一章・2の当初案が固まり、この秋に出版された戦略研究学会叢書のうち、私の担当した章（イントロダクションの末尾を参照）の初校作業も一段落した、お盆休みのころから、内閣法制局サボタージュ仮説の検証作業に入った。現在進行中の出来事で、正直に真相を語ってくれそうな証人もしばらくは期待できないので、知り得た諸事実をできるだけ整合的に説明できる仮説を求めるといった程度のことしかできないが、現在のところ、政権と内閣法制局との間にまずの協力関係が成立しているので、サボタージュという側面は若干あるにしても重要ではないと思うに至った。むしろ、協力関係のもとになるような黙約ないし取引が、小松氏の長官就任に際して成立したと考えるべきで、小松氏の慧眼は一九七二年以来の集団的自衛権の定義が日米同時に直接攻撃を受けたような場合を見逃しているとか、二〇〇四年の秋山答弁が誤謬に満ちているといった過去の内閣法制局の過誤を把握しており、それらを表沙汰にしないということを交換条件として内閣法制局の協力をとりつけたということが、最もありそうなストーリーだと思うに至った。キーパーソンである小松氏が薨去されたので、真相は永遠に明らかにならないかもしれない。

三章・1で金森の押し付けとして論じていた、戦後憲法の解釈運用において法制局（一九六二年以降内閣法制局）は戦前の軍部と似た独断独走的体質を持っているという、より大きな仮説についても、一九六〇年以降の検証を試みた。それらの成果をまとめたものが、「二章　集団的自衛権を巡る憲法論争の再検討」である。

これを執筆している際、政府による集団的自衛権の定義のなかに「自国が直接攻撃されていないに（も）かかわらず、」という、不必要なだけでなく定義として自己破綻を引き起こす語句が入っていることに気付き、それを削除すべきだとして取消線を引くことにしたが、なぜそのような語句があるのか全く理解できていなかった。本巻に収める諸論考を一応全て仕上げ、それらについて「イントロダクション」を書いているうちに、集団的自衛権の定義としては破綻を引き起こすため削除すべき語句が入っているのは、日米安保条約を日本の集団的自衛権ではなく個別的自衛権によって説明するためには、集団的自衛権の定義にこの語句を入れればよいというアイデアの所産であるらしいことが、突如として思い浮かんだ。しかし、その語句を導入して破綻したのだから、日米安保条約を日本の個別的自衛権によって説明するという、一九六〇年の林修三法制局長官に始まる試みは失敗していたということが、思いがけず明らかになり、点睛することを得た。すなわち、七二年以降の集団的自衛権の定義の自己破綻は、砂川事件最高裁判決以降今日に至るまで一貫して日米安保条約は日本による集団的自衛権の行使例として合憲とされ続けたことを証明している。

慌ただしい時局のなかで、時流に溺れることなく、自分自身の直観を信頼して理論的実証的な研究を進め、一書をまとめることができたのは、以上で述べた方々をはじめとする、さまざまな人々の多様な支えの賜物であり、この場を借りて深く御礼申し上げます。

末筆ながら、私の著作集を担当してくださり、本巻でもたいへんお世話になった中央経済社の市田由紀子さんに、深く感謝申し上げます。

二〇一五年九月二八日

平山朝治

［初出リスト］

一章　1　『茨城新聞』二〇一五年八月二六日、書き下ろし

　　　2　「歴史から忘れ去られた憲法第9条成立の趣旨」（『エコノミスト』二〇一五年九月二二日号）

　　　3　『茨城新聞』二〇一五年九月二一日、書き下ろし

二章　書き下ろし

三章　「日本国憲法の平和主義と、安全保障戦略」（『国際日本研究』第七号、二〇一五年）

〈著者紹介〉
平山　朝治（ひらやま　あさじ）
一九五八年　山口県小野田市（合併後、山陽小野田市）生まれ
一九八九年　東京大学大学院修了（経済学博士）
東京大学助手などを経て
現　　在　筑波大学人文社会系　教授

【主要著書】（本著作集未収録のもの）
『比較経済思想』（近代文芸社、一九九三年）
『「日本らしさ」の地層学』（情況出版、一九九三年）
『イエ社会と個人主義――日本型組織原理の再検討』（日本経済新聞社、一九九五年）
『アジアからの戦略的思考と新地政学』（共著、芙蓉書房出版、二〇一五年）

平山朝治著作集　第6巻
憲法70年の真実

二〇一五年一二月二〇日　第一版第一刷発行

著　者　平　山　朝　治
発行者　山　本　憲　央
発行所　㈱中央経済社
東京都千代田区神田神保町一の三一の二
電話　〇三（三二九三）三三七一（編集部）
　　　〇三（三二九三）三三八一（営業部）
振替口座・〇〇一〇〇-八-八四三二
印刷・製本　㈱　大　藤　社

---

http://www.chuokeizai.co.jp/

ISBN978-4-502-17371-4　C3330